Socorro e Solução

José Carlos De Lucca
MAIS DE 1 MILHÃO DE LIVROS VENDIDOS

Socorro e Solução

intelitera
editora

intelítera editora

Obrigado por comprar uma cópia autorizada deste livro e por cumprir a lei de direitos autorais não reproduzindo ou escaneando este livro sem a permissão.

Intelítera Editora
Rua Lucrécia Maciel, 39 - Vila Guarani
CEP 04314-130 - São Paulo - SP
(11) 2369-5377 - (11) 93235-5505
intelitera.com.br
facebook.com/intelitera
instagram.com/intelitera

Os papéis utilizados foram Chambril Avena 70g/m² Imune Avena New para o miolo e o papel Cartão Ningbo Fold 250g/m² para a capa. O texto principal foi composto com a fonte Sabon LT Std 13/18 e os títulos com a fonte Sabon Lt Std 18/24.

Editores
Luiz Saegusa e Claudia Zaneti Saegusa

Direção editorial
Claudia Zaneti Saegusa

Capa
Casa de Ideias

Projeto Gráfico e Diagramação
Casa de Ideias

Revisão
Casa de Ideias

Finalização
Mauro Bufano

Impressão
Gráfica Printi

9ª Edição
2025

O autor cedeu os direitos autorais deste livro ao Hospital do GRAACC, para ajudar a combater e vencer o câncer infantil.
GRAACC - Grupo de Apoio ao Adolescente e à Criança com Câncer
Rua Botucatu, 743, Vila Clementino, São Paulo-SP. www.graacc.org.br

Socorro e Solução
Copyright© Intelítera Editora

Dados Internacionais de Catalogação na Publicação (CIP)
(Câmara Brasileira do Livro, SP, Brasil)

De Lucca, José Carlos
  Socorro e solução / José Carlos De Lucca -- 1 ed.
São Paulo : Intelítera Editora, 2013.

ISBN: 978-85-63808-25-7

1. Amor 2. Autoajuda 3. Autoconsciência 4. Espiritismo 5. Reflexões 6. Vida espiritual I. Título.

13-06873   CDD-133.901
Índices para catálogo sistemático:
1. Autoajuda : Espiritismo   133.901

Aos filhos Tarcísio e Thales, com todo o meu amor de pai e amigo.

Sumário

Prefácio 9
1. O primeiro passo de tudo 11
2. Filhos da luz 16
3. Socorra a si mesmo 19
4. Ressignificando o fracasso 22
5. Ao iniciar o dia 26
6. Renovação 31
7. Terapia do amor 34
8. Nossas companhias 38
9. Libertar-se das energias negativas 42
10. O amigo Jesus 47
11. Socorro da fé 51
12. Você é maior do que os seus erros 55
13. Salário de Deus 59
14. Memórias do picolé 62

15. A prece que resolve 68
16. Deus conosco 71
17. Faça luz em sua vida 74
18. Atitudes valem mais do que palavras 77
19. Abrindo caminhos 82
20. Pare de criticar o mundo 86
21. De coração leve 90
22. Voltando para casa 94
23. A enfermidade é mais do que um problema físico. 98
24. Com a pedra você constrói o edifício 102
25. Suor ou lágrimas? 105
26. Nunca perdemos o valor 111
27. Banco do céu 117
28. Como superar os problemas 123
29. Reatar o relacionamento com Deus 128
30. Velho boiadeiro 132
31. Nascidos para vencer 137
32. Desfazendo nós 142
33. Cuidar da fonte da vida 148
34. O que de fato é importante? 152
35. Olhe para o seu dedão 156
36. Deus está conosco 160
37. Na tempestade 164
38. O melhor para o casamento 168
39. Socorro aos que partiram 173
40. Ame a sua cruz 180
41. Nossas atitudes fazem eco 185
42. Dissolvendo a tristeza 189
43. Derrubando limites 194
Referências bíblicas citadas neste livro 200

Prefácio

❖∗∗∗❖

    Cada vez que termino um livro, tenho a sensação de que será o último, porque imagino que não terei novos assuntos para tratar com os meus queridos leitores, que me acompanham, pacientemente, desde a publicação do primeiro livro, Sem Medo de Ser Feliz, em abril de 1999.
    Confesso a vocês que jamais imaginei ir além desse primeiro livro, e, hoje, surpreendentemente, estou aqui, apresentando a vocês o meu 14º livro, embora com a mesma sensação de que este será o

último. A única explicação que encontro para esse paradoxo é que, ao longo desses anos, o trabalho da escrita, certamente, tem ajudado mais a mim do que aos meus leitores.

Neste livro, como nos outros, não trago novidades, não escrevo sobre algo que os leitores já não tenham possivelmente lido ou ouvido falar de pessoas mais gabaritadas. Não escrevo como médico, psicólogo, ou mesmo como um doutrinador religioso. Escrevo como gente que sofre, que tem as suas fraquezas, as suas crises, angústias e aflições; escrevo como alguém que também precisa de socorro e solução. E, através da escrita, vou pensando sobre a minha vida, vou tentando me entender, vou buscando caminhos ainda não percorridos, pois minha mãe sempre me dizia que o segredo do caminho é caminhar...

Hoje, ao olhar para este 14º livro, posso afirmar que Socorro e Solução me ajudou a viver melhor, me ajudou a caminhar adiante em meio a um turbilhão de desafios. E é só por isso que eu entrego a vocês mais este remédio, que tem me dado forças para viver, crescer e vencer. Espero continuar fazendo essa caminhada ao seu lado e fazer jus ao seu apoio e carinho.

Com afeto sempre crescente,

JOSÉ CARLOS DE LUCCA
OUTONO DE 2013.

1
O primeiro passo de tudo

> SEJA BOM PARA SI MESMO. NÃO SE JULGUE COM
> DUREZA. SE NÃO FORMOS BONDOSOS COM NÓS
> MESMOS, NÃO PODEMOS AMAR O MUNDO.
>
> BUDA[1]

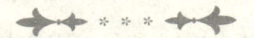

❖❖❖

Coloquei esse assunto logo no primeiro capítulo do livro porque, sem a prática do autoamor, nenhuma das sugestões apresentadas nas páginas seguintes terá chances de dar certo. Acredito piamente que o sofrimento que hoje bate à nossa porta é um chamado para o Amor. Na história espiritual da nossa vida, saímos da estrada da afeição e pegamos atalhos de egoísmo, criando

---

1 *1001 Pérolas de Sabedoria*, David Ross, Publifolha.

problemas para os outros, o que significa também que criamos problemas para nós mesmos.

O Apóstolo Pedro aconselha-nos a amarmos uns aos outros porque o amor cobre muitos pecados.[2] Parece-me clara nessa definição de Pedro a relação que ele faz entre pecado e ausência de amor. O maior pecado nosso é não amar. E o sofrimento quer nos convencer disso.

Mas, para que possamos amar o próximo, é preciso, primeiro, nos amarmos. Jesus pregou amar o próximo como a nós mesmos. Portanto, se faltar o amor por nós, não poderá haver o amor pelo outro. Muitos confundem o amor por si mesmo com o egoísmo, embora sejam sentimentos totalmente opostos. O egoísmo é fruto da imaturidade emocional da criatura que vê o mundo como se ainda fosse criança, onde tudo e todos devem girar em torno das suas necessidades.

Já a pessoa que se ama foi capaz de amadurecer e de ter uma boa imagem de si mesma, sentindo-se capaz de gerir a sua própria vida, sendo responsável por si, embora não prescinda da colaboração dos outros. Ela está bem consigo mesma e, portanto, projeta para os outros o amor que traz dentro de si. Somente quem tem amor pode dar amor.

---

2 Pedro 4, 8.

O egoísta, aqui representado como uma criança, não tem amor por si, pois ainda se vê como o centro do mundo – nada vê além de seu próprio interesse, ao qual os outros devem atender. Ele é inseguro, frágil e medroso, por isso, não consegue amar.

Marco Aurélio Dias da Silva, notável médico e escritor, afirma:

> "Um nível adequado e desejável de autoestima implica respeito e admiração por si próprio e não se pode confundir com o narcisismo. Este é primo-irmão do egoísmo e resulta da mesma causa básica: fragilidade interior e o desapego a si mesmo são tão grandes, que o indivíduo sente uma compulsiva necessidade do reconhecimento externo."[3]

O que percebo, claramente, é que sofremos, porque não amamos o próximo, e não amamos o próximo porque, tampouco, nos amamos. E observo também que continuamos a sofrer, atolados em problemas que não se resolvem, porque ainda não tomamos a firme decisão de nos amarmos. Muitas pessoas me procuram com inúmeras aflições e com a autoestima esfacelada. Dizem que não conseguem mudar, e eu acredito, mas entendo que isso ocorre porque, no momento mais difícil

---

[3] *Quem ama não adoece*, Best Seller.

de suas vidas, elas estão sem o mínimo de amor próprio, sem o mínimo de autoconfiança, sem o mínimo de bondade para com elas mesmas.

É na hora da crise que você precisa acreditar em si mesmo. É na hora da solidão que você precisa se apoiar. É na hora em que o mundo lhe vira as costas que você precisa ser a melhor pessoa para você. É na hora em que todos o criticam de maneira impiedosa que você precisa se olhar com bondade. Nós nos abandonamos e queremos que as pessoas nos "adotem". Aí está o nosso maior erro: autoabandono.

Eu disse, no início deste capítulo, que o sofrimento é o chamado para o Amor. Está na hora de fazermos isso, sem mais espera. Buda afirma que precisamos ser bons com nós mesmos. Se você não for bom para você, o mundo não lhe poderá tratar com bondade. Pense nisso. O mundo de fora reflete como nos tratamos por dentro. Precisamos refletir como essa bondade pode ser praticada. Do que estamos precisando? Ajuda muito nós pensarmos sobre tudo o que estamos esperando dos outros. Não é o caso de acabarmos com essa espera e começarmos a dar a nós mesmos?

Enquanto você pensa em suas próprias necessidades, examine essa lista de atitudes positivas que você deve ter consigo mesmo, elaborada pela terapeuta Louise Hay.[4] São passos seguros para aprendermos a gostar de nós mesmos, e, a partir disso, mudarmos completamente a nossa vida:

1. Não se critique.
2. Seja amável, gentil e paciente com você.
3. Pense com bondade a seu respeito.
4. Elogie-se.
5. Apoie-se.
6. Relaxe.
7. Seja uma pessoa leve e agradável para você e para os outros.
8. Cuide do seu corpo.
9. Comece a praticar todos os itens anteriores agora mesmo.

Sempre que sentir suas forças diminuírem, volte à leitura deste capítulo. É aqui que tudo começa, recomeça e se transforma.

---

[4] *Aprendendo a gostar de si mesmo*, Sextante.

2
Filhos da luz

A DIFICULDADE É NOSSO DEGRAU DE ASCENSÃO. NÃO NOS FALTARÁ O AMPARO DIVINO.

BEZERRA DE MENEZES[5]

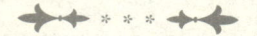

❦ ❦ ❦

Diante dos obstáculos do caminho, não podemos paralisar nossa vida em atitudes de revolta e inconformismo. A dificuldade é o degrau de ascensão, é o ensejo da promoção. Muitas pessoas a enxergam como punição, falta de sorte ou se queixam de que Deus as esqueceu.

Sendo Deus o nosso Pai, Ele está sempre a nosso favor e, portanto, jamais poderia estar contra seus filhos. Quando nós, pais humanos, negamos

---

[5] *Apelos Cristãos*, psicografia de Francisco Cândido Xavier, UEM.

algo aos nossos filhos, certamente o fazemos com o propósito de protegê-los, pois o objeto do desejo deles poderia lhes causar algum mal.

Deus faz assim conosco também: fecha algumas portas para que outras, melhores, se abram. Dessa forma, é bom pensar que, quando uma porta se fecha em nossa vida, é sinal de que existe outra porta aberta com melhores caminhos e oportunidades. Contudo, aquele que escolhe o olhar de revolta ou queixa diante da porta que se fechou jamais conseguirá enxergar a porta que se abriu.

É importante considerar que não existe cadeado sem chave. Já havia pensado nisso? Ninguém vai fazer um cadeado sem que faça, ao mesmo tempo, uma chave que possa abri-lo. Da mesma forma, Deus não nos daria problemas sem as respectivas soluções. Quando solucionamos problemas, estamos mostrando o nosso valor. Somente enfrentando crises é que reconhecemos nossas capacidades e mostramos ao mundo que somos "solucionadores de problemas". O mundo está ávido por pessoas assim, porque está farto daqueles que apenas criam problemas ou que se afundam neles.

Um pensamento que nos fortalece foi dito por Paulo de Tarso: "Andai como Filhos da Luz".[6]

---
6 Efésios 5, 8.

Paulo nos estimula a viver como filhos da luz divina. A luz clareia, ilumina, produz energia, força, calor, encanta os nossos olhos. Ser "filho da luz" é viver gerando todos esses benefícios, e isso podemos fazer, porque a luz já nos foi dada por Deus. Quando nos deixamos abater pelas crises, quando perdemos a confiança em nós mesmos e em Deus, deixamos de ser filhos da luz para andar nas trevas, pois perdemos a conexão com a usina divina que nos abastece. Digamos para nós mesmos: "Eu assumo a minha condição de filho da luz e passo a viver como tal. Minha luz espanta as trevas, minha luz mostra os caminhos que devo percorrer, minha luz é minha força, minha cura e minha libertação."

Quando a dificuldade surge, estamos no momento da promoção. Então, nessa hora, vamos nos motivar para subir o degrau da dificuldade, fazendo o melhor de nós e confiando no amparo Divino, porque dias bons estão por vir. Mas lembre-se: a promoção não é automática – ela depende da nossa atitude positiva diante dos desafios de hoje. Não é o sofrimento que nos promove, mas, sim, o tipo de atitude que tomamos perante ele.

E quem anda como filho da luz não teme a escuridão!

3
Socorra a si mesmo

> Começar de novo e contar comigo
> Vai valer a pena ter amanhecido
> ter me rebelado, ter me debatido
> Ter me machucado, ter sobrevivido
> ter virado a mesa, ter me conhecido
> Ter virado o barco, ter me socorrido.
>
> Ivan Lins e Vitor Martins[7]

Pode ser que, neste momento, você esteja enfrentando a maior crise da sua vida e acredite ter chegado ao fundo do poço. Considere, no entanto, que aquilo que nos parece o fim é apenas o começo de um novo ciclo, de uma nova etapa. A vida jamais cessa; tudo é um eterno recomeçar. Há uma nova vida esperando por você! Deus fechou algumas portas em seu caminho para que você encontrasse outras, mais seguras.

---

[7] Trecho da canção intitulada *Começar de Novo*.

Nessa retomada, alguém muito especial haverá de lhe dar o apoio mais importante de sua vida: você mesmo! Deus o apoia, mas você precisará reerguer-se das próprias cinzas. Deus tem um novo caminho para você trilhar, mas você precisa estar disposto a percorrê-lo. Seja seu amigo nesta hora crucial de sua vida! Socorra a si mesmo! Não se abandone! Não se largue! Não seja desleal consigo!

Vai valer a pena ter se machucado, ter virado o barco, ter sobrevivido. Tudo isso vai valer a pena, porque haverá um renascimento espiritual em sua vida. Aguente firme, não entregue os pontos nesse momento em que Deus prepara uma vida nova para você. Seus planos faliram? Então, é hora de confiar nos planos que Deus tem para você. Levante o ânimo, respire fundo, continue confiando em você e recomece sua vida para o melhor que o espera!

Recomece de onde você está e com aquilo que você tem. Não espere condições ideais para retomar sua vida, pois, se fizer isso, passará o restante de seus dias remoendo o passado e sem tomar as ações necessárias para construir um futuro melhor. Somente no clima do trabalho é que tratamos as nossas frustrações, criando uma vida nova para nós. Chore tudo que for preciso diante das portas que se fecharam, mas, logo em seguida, comece a trabalhar para encontrar as portas que Deus abrirá para quando parar de chorar.

O amanhecer de um novo dia é a resposta da vida às nossas frustrações. É Deus nos dizendo:

Recomece de onde você parou.
Recomece o que ontem não deu certo.
Recomece de onde você fracassou.
Recomece o amor que esfriou.
Recomece o sonho perdido.
Sempre é tempo.
E o melhor tempo para recomeçar é agora.

Vai valer a pena ter amanhecido!

4
Ressignificando o fracasso

O FRACASSO DEVE SER NOSSO PROFESSOR, NÃO NOSSO COVEIRO. FRACASSO É ADIAMENTO, NÃO DERROTA.

DENIS WAITLEY[8]

❖❖❖❖❖

A palavra "fracasso" adquiriu um aspecto emocional demasiadamente pesado em nossa vida. Nos dicionários, fracasso é, em geral, definido como "mau êxito", "malogro". Mas, em nossa vida emocional, fracasso parece ir muito além disso. Para centenas de pessoas com as quais tenho tido contato em razão de meus livros e minhas palestras, observo que o fracasso se assemelha a uma "sentença de morte". Quem experimenta o

---
8 *Frases para Guardar*, Marcel Souto Maior, Casa da Palavra.

fracasso se considera morto ainda estando vivo. E o pior de tudo é que acaba providenciando o próprio enterro!

Precisamos reconsiderar essa sensação de "quase morte" que o fracasso produz em nós. Denis Waitley, respeitável escritor norte-americano, afirma que o fracasso não pode ser nosso coveiro, isto é, a experiência malsucedida não pode sepultar os nossos sonhos. Quem enterra seus sonhos morre junto com eles. Infelizmente, há muita gente viva enterrada pelo coveiro chamado "fracasso".

Diz o Dr. Waitley que o fracasso deve ser o nosso professor. Ele nos mostra apenas onde erramos, não que jamais deveremos tentar outra vez. Talvez o fracasso nos diga assim: "Desse jeito não dá certo. Tente de outro modo. Aprimore-se, você vai acertar da próxima vez!"

Fracasso também não significa derrota final. Ele apenas sinaliza que, no momento, não deu certo, por não termos feito tudo o que era preciso fazer para alcançar o êxito esperado. A realização de nossos sonhos foi apenas adiada para o futuro, e não cancelada definitivamente. O verdadeiro fracasso que alguém pode experimentar é julgar-se fracassado para toda a vida. O malogro é uma experiência passada, não um decreto para o futuro.

Quem fracassou uma vez está muito mais preparado para a vitória do que aquele que nunca tentou. A vitória pertence não àqueles que nunca erraram, mas àqueles que nunca desistiram, apesar dos erros que, certamente, experimentaram. É um engano acreditar que pessoas de sucesso são aquelas que sempre acertam na primeira tentativa. As maiores personalidades do mundo no campo das artes e da cultura, do comércio e da indústria também experimentaram insucessos. A diferença é que elas não desistiram de seus sonhos e começaram de novo, com mais sabedoria e vontade redobrada.

O orgulho é o maior inimigo diante de nossas quedas. Ele nos dá a ilusão de que somos infalíveis e de que sempre agimos acertadamente. Quando constatamos, porém, que fracassamos porque somos imperfeitos, além da angustiante sensação de decepção que isso nos causa, o orgulho fará de tudo para que não tentemos outra vez, porque ele nos faz acreditar que, novamente, vamos nos dar mal. E assim é que milhares de pessoas estão vivendo: não são vítimas do fracasso, são vítimas do seu próprio orgulho! Se não mudarem, passarão o restante da vida lamentando a queda, sem se levantarem do chão da derrota, porque temem cair outra vez.

A humildade é a chave que nos leva à vitória nessas ocasiões. Admitir que somos seres em processo de evolução, que sabemos algumas coisas e desconhecemos outras tantas, de modo que o erro faz parte desse processo, é o caminho que fará do fracasso o tijolo do sucesso que a vida nos reserva. É preciso que não paremos de tentar, até acertar!

Vamos jogar o orgulho fora? Que tal irmos à luta, cantando com o Gonzaguinha esta gostosa e animada canção?[9]

> *Eu acredito*
> *É na rapaziada*
> *Que segue em frente*
> *E segura o rojão*
> *Eu ponho fé*
> *É na fé da moçada*
> *Que não foge da fera*
> *E enfrenta o leão*
> *Eu vou à luta*
> *É com essa juventude*
> *Que não corre da raia*
> *A troco de nada*
> *Eu vou no bloco*
> *Dessa mocidade*
> *Que não tá na saudade*
> *E constrói*
> *A manhã desejada...*

---

9 Trecho da canção "E vamos à Luta", de Gonzaguinha.

5
Ao iniciar o dia

Comece o dia na luz da oração.
O amor de Deus nunca falha.

André Luiz[10]

❦ ❦ * * * ❦ ❦

Quando acordamos, nossos primeiros movimentos se voltam para a higiene do corpo. Da mesma forma, precisamos, ao despertar, também cuidar da higiene da alma. E isso fazemos através da prece. "Oração é luz", como fala o instrutor espiritual André Luiz.

É luz que vem clarear o nosso dia, espantando as trevas das perturbações espirituais.

---
10 *Agenda Cristã*, psicografia de Francisco Cândido Xavier, FEB.

É luz que nos faz pensar melhor no turbilhão das dúvidas, indicando-nos o caminho do acerto.

É luz que nos torna fortes perante as adversidades, evitando a nossa queda.

É luz que equilibra cada célula do nosso corpo, recuperando a saúde.

É luz que nos acalma diante das aflições, impedindo novos problemas.

Se estivermos vivendo um período de turbulências, a oração é o primeiro passo para que o socorro de Deus se estabeleça em nossa vida. Daí porque o conselho espiritual é no sentido de que o nosso dia deve começar com a luz da oração. É lamentável que, muitas vezes, o nosso dia comece com as notícias trágicas dos jornais, com a irritação oriunda das pequenas contrariedades no lar, com a ansiedade no trânsito, com as preocupações que somente aniquilam as nossas melhores energias.

Antes de sairmos de casa, tomamos banho, escovamos os dentes, passamos desodorante, perfume, penteamos os cabelos, tomamos café, enfim temos os cuidados básicos com o corpo. No entanto, na maioria das vezes, deixamos o espírito sem os cuidados mínimos, esquecendo-nos de que somos espíritos imortais vestindo um corpo transitório.

Não pensemos em quantos minutos vamos perder se orarmos todos os dias pela manhã. Quem ora nunca perde! Quem ora sempre ganha, porque se abastece de forças espirituais imprescindíveis para os embates do dia a dia. A oração é o fio que nos liga ao coração do Pai. Quem não ora está com o fio cortado e ficará sem luz no momento em que tiver de enfrentar algum desafio que surgir. Nossos melhores amigos podem falhar conosco, nossos parentes mais queridos podem nos decepcionar, mas o amor de Deus é infalível. Ao nos entregarmos à prece, sentiremos o amor de Deus caminhando conosco ao longo do dia, sobretudo nas situações em que mais precisamos de amparo.

Se orarmos ao amanhecer, sentiremos a presença divina iluminando nosso diálogo com os familiares mais difíceis. Perceberemos Deus segurando nossa mão nos momentos em que nos sentirmos abandonados pelo mundo. Notaremos Deus presente na sala de cirurgia guiando a mão dos médicos. Observaremos a intervenção do Alto em situações de perigo, evitando consequências mais drásticas. Ficaremos surpreendidos com uma ajuda inesperada nos tirando de uma situação aparentemente insolúvel.

Quem ora cria um campo espiritual favorável para o socorro divino. Deus sempre ajuda, jogando as cordas da solução. Contudo, é através da prece que seguramos as cordas de Deus. Padre Pio, consagrado santo pela Igreja Católica, aconselha: "Arme-se com a arma da oração, e terá mais força no combate diário." [11]

Agora, se você já perdeu a oração da manhã, não espere somente o dia seguinte para orar. Faça isso agora mesmo! Se você estiver andando pela rua, entre em algum templo religioso, e ore. Se você estiver no ônibus, feche os olhos, e, mentalmente, ligue-se ao amor de Deus. Se você estiver em casa, recolha-se em um lugar tranquilo, e converse com o Pai. Onde você estiver, sempre haverá um jeito de orar, porque a prece não requer palavras longas e bonitas, tampouco requer que estejamos em locais sagrados. Orar é conversar com Deus na sua língua, do seu jeito, do seu modo, pois não há palavra que Deus não conheça, não há sentimento que Ele não perceba, não há dor que Ele não esteja disposto a curar.

Se você estiver numa situação de emergência, lembre-se de que a prece é o seu pronto-socorro acessível a qualquer momento. E este momento pode ser agora. Vamos orar juntos?

---

11   http://pensador.uol.com.br/frases_biblicas_oracao/ (acesso em 30/01/2012).

Senhor,
no silêncio deste dia que amanhece,
venho pedir-Te a paz, a sabedoria, a força.
Quero olhar hoje o mundo com olhos cheios de
amor, ser paciente, compreensivo, manso
e prudente, ver além das aparências teus filhos
como Tu mesmo os vês, e, assim, não ver
senão o bem em cada um.
Cerra meus ouvidos a toda calúnia.
Guarda minha língua de toda maldade.
Que só de bênçãos se encha meu espírito.
Que eu seja tão bondoso e alegre, que todos
quantos se chegarem a mim sintam
a Tua presença.
Reveste-me de Tua beleza, Senhor,
e que, no decurso deste dia, eu
Te revele a todos.[12]

---

12 Oração atribuída ao Irmão Anthony, psicografia de Zita Marques Moreira de Souza (fonte http://www.editoraeme.com.br/mensagens.asp?codigo=53 – acesso em 30/05/2013).

6
Renovação

É PRECISO QUE O CORAÇÃO E A MENTE DE VOCÊS
SEJAM COMPLETAMENTE RENOVADOS.

APÓSTOLO PAULO[13]

Quando pretendemos habitar uma nova moradia, procedemos a uma faxina completa na casa antes de mudarmos. Consertamos o que está quebrado, tampamos vazamentos, pintamos as paredes com as cores de nossa preferência.

Nossa vida também precisa dos mesmos cuidados, pois, do contrário, a sujeira acumulada nos trará muitos problemas. Sem a renovação da men-

---

13   Efésios 4, 23.

te e do coração, a energia negativa dos problemas ficará retida em nós mesmos, trancando as portas da felicidade.

Renovar a mente é jogar fora os pensamentos negativos que insistimos em guardar, substituindo-os por ideias positivas, que provoquem o nosso bem-estar. Tenho certeza de que alimentamos muitos pensamentos disfuncionais, isto é, pensamentos que não fazem nossa vida funcionar bem.

No porão de nossa mente, deve haver muita "tranqueira", que eu chamo de "ideias que nos negativam". Nossos sentimentos e comportamentos de hoje podem estar movidos por essas "tranqueiras". Sabemos que estamos fazendo algo errado, mas não conseguimos mudar, porque não trocamos o programa que faz nossa mente pensar negativamente. Alimentar pensamentos novos e positivos, de maneira firme e constante, é a única forma de criar um novo programa mental superior que nos ajude a viver melhor.

Renovar o coração é desvencilhar-se dos sentimentos negativos como mágoa, ódio, culpa, revolta, inveja, orgulho, sensação de inferioridade, os quais embaraçam nossa vida, além de nos causarem várias doenças. Somente a renovação mental e emocional nos livra daquilo que já se tornou velho e imprestável para nós, e que hoje atravanca o nosso progresso (por favor, leia novamente os dois últimos parágrafos – é muito importante assimilá-los).

Renovar é criar vida nova, e isso só vai acontecer se enterrarmos todo o lixo, tudo o que está quebrado e remendado em nossa vida e investirmos firmemente naquilo que nos traz felicidade. Se alguém me pede para segurar algo às mãos e eu já estou com as mãos ocupadas, segurando outra coisa, eu não tenho como atender ao pedido, a não ser que largue o que estou segurando.

A renovação que tanto almejamos em nossa vida só vai acontecer quando nós largarmos todas as coisas imprestáveis que ainda estamos segurando. Se não largarmos as coisas já mortas, a vida nova não terá como se estabelecer em nós. Largue, solte, desapegue-se de tudo o que está morto e cheirando mal, fazendo com que se sinta mal!

Oremos a Deus pedindo auxílio para este trabalho de renovação de nossa vida. Deus nos prestará todo o socorro necessário, mas é preciso nos conscientizarmos de que a solução exige empunharmos a vassoura para varrer vigorosamente todo o mal que está em nossa vida.

E a melhor hora para começar a fazer isso é agora mesmo!

7
Terapia do amor

QUANDO VOCÊ DÁ AMOR, VOCÊ CURA A SI MESMO E
AOS QUE RECEBEM O SEU AMOR.

BERNIE SIEGEL[14]

◆❖✳❖◆

O amor é o sentimento mais sublime do mundo e a energia mais poderosa do universo. Na Bíblia está dito que "Deus é Amor". Portanto, como Deus é o criador de todas as coisas, somos obrigados a deduzir que a energia do amor está no âmago de tudo e de todos.

Oferecer amor às pessoas é uma forma poderosa de manifestar o amor que existe em nós, forta-

---
[14] *Fé, Esperança e Cura*, Cultrix.

lecendo a nossa autoestima. Quando damos amor, somos nós que primeiramente o sentimos. Dar amor gera mais prazer do que receber amor. A atitude amorosa, por si só, desperta em quem ama sentimentos de alegria e satisfação interior, curando a nossa tristeza e solidão. Quando o amor sai de nós, ele preenche os espaços vazios da nossa alma, curando as nossas feridas interiores.

A maioria dos nossos problemas tem como causa a falta da manifestação do amor, seja na família, no trabalho, com os amigos e, principalmente, com nós mesmos. Jesus diz que amar é um fazer: faça ao seu próximo o que você gostaria que ele fizesse a você. Nossos gestos concretos de amor podem mudar as pessoas muito mais do que as cobranças que geralmente lhes fazemos. Ao outro não basta saber que o amamos; ele quer sentir que o amamos.

Quando amamos, nosso coração irradia beleza, harmonia e paz, e tais sentimentos são profundamente curativos para o corpo e para a alma, curando quem ama e quem é amado. Que hoje eu me estimule a demonstrar amor a quem cruzar meu caminho, a começar por mim mesmo! Quando o amor se torna uma atitude em nossa vida, e não apenas uma expectativa, muitas portas de solução se abrem para nós porque, repetimos, o amor é a energia mais poderosa do mundo.

Talvez você esteja se perguntando como poderá fazer isso – afinal de contas, não é fácil amar as pessoas, tanto as que conhecemos como as que mal conhecemos. Eu concordo com você. Por isso, eu lhe proponho a começar esse trabalho a partir de um terreno mais simples, mas não menos importante e eficaz. Vamos trocar a hostilidade com que geralmente tratamos as pessoas pela gentileza. Sejamos gentis com os outros, procuremos ser agradáveis, vamos destravar a nossa cara amarrada, esboçar um sorriso de simpatia, expor uma palavra de apoio a quem esteja precisando. Somente a partir dessa abertura é que o nosso coração crescerá no amor.

Não nos esqueçamos, porém, de nos incluir no rol das pessoas necessitadas de amor. Gosto muito do exercício do espelho proposto por Louise Hay. Todas as vezes em que o faço, sinto resultados extraordinários. Ela recomenda que, pela manhã, cada um de nós se olhe no espelho e diga: "Eu te amo. O que posso fazer hoje pela sua felicidade? Como posso fazer você feliz hoje?"[15] Escute

---
15 *Aprendendo a gostar de si mesmo*, Sextante.

as respostas e faça feliz a pessoa que mora dentro de você.

Vale a pena sempre investirmos no amor. O amor que damos a nós é o amor que se derramará aos outros. O amor que damos aos outros é o amor que voltará correndo para nós.

E isso é bom demais!

8
Nossas companhias

SEUS PENSAMENTOS REVELAM
SUAS COMPANHIAS ESPIRITUAIS.

ANDRÉ LUIZ[16]

❖❖ * * ❖❖

Um dito popular sentencia: "Diga-me com quem você anda e eu lhe direi quem você é". Do ponto de vista espiritual, poderíamos reescrever este ditado de forma inversa: "Diga-me quem você é e eu lhe direi com quem você anda."

Nosso modo de ser é um fator determinante para o tipo de companhia que teremos na vida. O homem é basicamente aquilo que ele pensa.

---

16 *Agenda Cristã*, psicografia de Francisco Cândido Xavier, FEB.

O pensamento desencadeia nossos sentimentos e atitudes e atrai as pessoas que se identificam com o nosso modo de pensar e agir, estabelecendo um campo de influências recíprocas.

André Luiz expande essa ideia ao nos apresentar a possibilidade das companhias espirituais, isto é, da presença de espíritos ao nosso lado, que a nós se ligam pela nossa forma de ser. Uma pessoa inclinada às artes terá companhias espirituais com as mesmas tendências. Outra, voltada aos vícios, será acompanhada por espíritos viciados. Aquela que se compraz com a tristeza crônica se fará acompanhar de espíritos tristes. Outra, dedicada à caridade, será envolvida por espíritos caridosos.

Ninguém está só no universo. As almas dos que viveram na Terra não se encontram mortas no céu. Vivem ligadas a nós pelos laços da afinidade, sobretudo pela afinidade que nasce pelo fio do pensamento. Nós as influenciamos e somos por elas influenciados, vivendo num regime de permuta constante de energias. Por isso é que, muitas vezes, se torna mais difícil a mudança de hábitos nocivos, porque nossas companhias espirituais não querem que mudemos; elas temem perder o prato onde dividíamos comida estragada. Mas a mudança, embora difícil, pode ser feita com mais facilidade, se nos ligarmos às boas companhias espirituais, pois Deus sempre coloca ao nosso lado espíritos bons, que desejam a nossa felicidade.

Vale a pena, portanto, investirmos em pensamentos positivos, saudáveis, otimistas e amorosos, pois, a partir disso, estaremos cercados de almas felizes, que derramarão bênçãos em nossa vida. Vou sugerir alguns dos conselhos práticos de José Herculano Pires, os quais só nos farão bem, pois haverão de melhorar substancialmente a nossa condição mental e, portanto, as nossas companhias espirituais:

1. Ao acordar, diga a si mesmo: Deus me concede mais um dia de experiências e aprendizado. É fazendo que se aprende. Vou aproveitá-lo. Deus me ajuda (repita isso várias vezes, procurando manter essas palavras na memória. Repita-as durante o dia).
2. Repila as ideias más. Compreenda que você nasceu para ser bom e normal. As más ideias e os maus pendores existem para você vencê-los, nunca para se entregar.
3. Vigie os seus sentimentos, pensamentos e palavras nas relações com os outros. O que damos recebemos de volta.
4. Ao sentir-se abatido, não entre na fossa. É difícil sair dela. Lembre-se de que você está vivo, forte, com saúde e dê graças a Deus por

isso. Seus males são passageiros, mas, se você os alimentar, permanecerão. É você que sustenta os seus males. Cuidado com isso.

5. Controle as suas ideias, rejeite os pensamentos inferiores e perturbadores, estimule as suas tendências boas e repila as más. Tome conta de si mesmo. Deus concedeu a jurisdição de si mesmo, é você quem manda em você nos caminhos da vida. Não se faça de criança mimada. Aprenda a se controlar em todos os instantes e em todas as circunstâncias. Experimente o seu poder, e verá que ele é maior do que você pensa.[17]

Ao colocarmos em prática esses conselhos, criaremos um novo mundo à nossa volta, por meio da mudança em nosso pensamento. E isso está acessível a todos nós, agora mesmo.

---

17 *Obsessão, O Passe, A Doutrinação*, Paideia.

9
Libertar-se das energias negativas

> Existem duas vibrações negativas que prendem mais as pessoas do que qualquer outra força, energia ou situação; elas nos mantêm amarrados à roda da vida, forçando-nos a vivenciar justamente aquilo que queremos evitar, elas nos impedem de elevar nossa consciência a níveis mais elevados de prosperidade. Uma dessas vibrações negativas é a hostilidade em relação a outros e a outra é a autopiedade.
>
> Robert Happé[18]

Todos nós desejamos nos ver livres das energias negativas. Sentimos, muitas vezes, que estamos envoltos em vibrações pesadas que nos causam mal-estar e amarram nosso caminho.

---

18 *Consciência é a Resposta*, Editora Talento.

É preciso compreender, porém, que a energia negativa que entrou em nossa vida encontrou alguma porta aberta dentro de nós. A bênção do padre, do pastor ou do médium espírita pode até nos limpar das vibrações prejudiciais, porém não impede que elas retornem imediatamente a nós pelas vias da afinidade vibratória.

A pessoa não adquire o chamado "corpo fechado" simplesmente por usar um determinado objeto místico de proteção. Somente nos fechamos verdadeiramente às energias negativas quando nos fechamos ao mal que ronda diuturnamente a nossa mente e o nosso coração. Quando oramos a prece do "Pai-Nosso", no momento em que pedimos a Deus que nos livre do mal, devemos nos lembrar, sobretudo, do mal que ainda há dentro de nós, porque ele é a causa do mal que está em nossa vida.

Robert Happé, profundo estudioso no campo da Espiritualidade, identificou as duas vibrações negativas que mais nos fazem sofrer: 1) hostilidade em relação aos outros e 2) autopiedade. Enquanto estivermos alimentando essas vibrações, através de pensamentos, palavras e atitudes, estaremos presos à roda do sofrimento.

Ser hostil é opor-se claramente a alguém, agir como inimigo, com agressividade, mover guerra.

Por isso, Jesus Cristo manda amar os nossos inimigos, orar por aqueles que nos perseguem, bendizer aqueles que nos maldizem.[19] Jesus está propondo que não entremos na vibração maldosa, porque, do contrário, o mal também nos atingirá. Eu tenho o direito de não concordar com um determinado comportamento ou ponto de vista que alguém manifeste, mas não devo, por isso, tratar a pessoa como inimiga, desejar o mal para ela, porque, se assim o fizer, o mal ficará comigo mesmo.

Um dos princípios fundamentais da felicidade é vivermos em harmonia com tudo à nossa volta. A hostilidade impede a harmonia e, assim, passamos a atrair situações desarmônicas em nosso caminho. Parece óbvio que assim seja. A solução para a cura de nossos problemas é voltarmos ao estado de harmonia através da reconciliação com tudo e com todos.

Masaharu Taniguchi, sob forte inspiração divina, explica esse fenômeno:

> "Reconcilia-te com todas as coisas do Céu e da Terra. Quando se efetivar a reconciliação com todas as coisas do Céu e da Terra, tudo será teu amigo. Quando todo o Universo se tornar

---

19 Mateus 5, 44.

teu amigo, coisa alguma do Universo poderá causar-te dano. Se és ferido por algo ou se és atingido por micróbios ou por espíritos baixos, é prova de que não estás reconciliado com todas as coisas do Céu e da Terra.
Reflexiona e reconcilia-te."[20]

Certa vez, perguntaram a Chico Xavier se ele tinha inimigos, ao que o médium respondeu que não, que apenas tinha "amigos momentaneamente distantes". Quanta sabedoria!

A outra vibração negativa que nos arrasa é a autopiedade, que aqui tem mais a ver com o sentimento de ser vítima deste mundo, tendo dó ou pena de si mesmo. Essa vibração se manifesta no momento em que nos sentimos "coitados", indefesos, como se não tivéssemos qualquer responsabilidade sobre o que nos acontece e nenhum poder para alterar a situação que nos aflige. A vibração da autopiedade é negativa, porque ela é paralisante, deixa-nos imobilizados, como se estivéssemos atolados na lama, esperando que alguém faça por nós o esforço de autossuperação que compete somente a nós mesmos. Deus até joga cordas para nos resgatar, mas, ainda assim, nos sobra o esforço de segurar a corda e sair do fundo do poço.

---

20 *Sutra Sagrada, Chuva de Néctar da Verdade*, Seicho-No-Ie.

Jesus se dirigiu a um paralítico, vítima da autopiedade, ordenando a ele: "Levanta-te, toma tua cama e anda."[21] Agora, já sabemos como, de fato, podemos nos libertar das energias negativas, através de duas práticas poderosas:

1. Elevar a nossa vibração através do amor, que cura a hostilidade e traz a harmonia de volta à nossa vida. Para tanto, vamos usar as ferramentas do perdão, da reconciliação e da caridade, a fim de nos tornarmos "amigos" do Universo;
2. Reconhecer que a cada um de nós foi dado o poder de construir a própria felicidade e que ninguém mais tem a obrigação de fazer isso por nós. Portanto, o melhor que temos a fazer, agora mesmo, é trazer a responsabilidade da vida de volta a nós mesmos.

Não nos esqueçamos deste precioso pensamento que está na letra da canção "Tocando em Frente":

> *Cada um de nos compõe a sua história*
> *e cada ser em si carrega o dom*
> *de ser capaz, de ser feliz...* [22]

---

21 João 5, 8.
22 Trecho da canção "Tocando em Frente", de Almir Sater.

10
O amigo Jesus

JESUS CRISTO NÃO NOS ABANDONA. DE TEMPOS EM TEMPOS, ENVIA OS SEUS MENSAGEIROS À TERRA, MAS ELE MESMO CONTINUA CONOSCO. ELE NOS CONHECE PELO NOME, SABE QUEM SOMOS E QUAIS SÃO OS NOSSOS PROPÓSITOS. O SENHOR NÃO ESTÁ FORA DO MUNDO! CADA CRIATURA PODERÁ SENTI-LO PRÓXIMO DE SI.

CHICO XAVIER[23]

❖ ✳ ✳ ✳ ❖

Desta lição de Chico Xavier, destaco quatro pontos para nossa meditação: 1) Jesus Cristo não nos abandona; 2) Mesmo enviando vários mensageiros à Terra, Ele continua conosco; 3) Jesus nos conhece pelo nome, sabe quem somos e do

---

[23] *O Evangelho de Chico Xavier*, Carlos A. Baccelli, Casa Editora Espírita Pierre-Paul Didier.

que precisamos e 4) Podemos sentir sua presença ao nosso lado.

Refletindo sobre esses tópicos, nosso peito se enche de alegria ao saber que não estamos sós, porque Jesus não nos abandona e continua conosco. Nossa sensação de solidão termina aqui. As trevas querem nos inspirar a ideia de que as forças divinas nos largaram, com o evidente propósito de nos deixarem inseguros e fracos. Mas Jesus nos fez uma promessa há dois mil anos:

> *E lembrem-se disto: eu estou com vocês todos os dias, até o fim dos tempos.*[24]

Jesus afirmou que estaria conosco, e não apenas de vez em quando, mas todos os dias. Isso quer dizer que, diariamente, Cristo está conosco, olha para nós, pensa em nós, preocupa-se conosco. Quando estivermos nos sentindo abandonados pelo mundo, Ele será a nossa companhia. Quando todos estiverem com pedras na mão para atirarem em nós, Jesus perguntará aos nossos acusadores se eles estão sem pecados para serem perdoados. Quando nos sentirmos sem orientação sobre o rumo a tomar em nossa vida, Jesus terá caminhos e verdades a nos apresentar. Quando nos sentirmos contentes por alguma conquista alcançada,

---
24 Mateus 28, 20.

Jesus estará batendo palmas para nós. E quando estivermos dominados pelas sensações paralisantes do fracasso, é Ele quem nos motivará a aprender com nossos erros, sem jamais perder a confiança em nós mesmos.

Ainda, aprendemos com Chico Xavier que a presença de Jesus em nossa vida não é apenas por alguns dias ou por alguma temporada. Cristo afirmou que estaria conosco diariamente e para sempre. Hoje é o momento ideal para sentirmos Jesus participando da nossa vida. Apresento duas lembranças importantes para que nossa amizade com Jesus possa florescer, a partir de agora mesmo:

1. Conversemos com Jesus através da oração. Falemos com Ele como se estivéssemos falando com o nosso maior amigo, sem medo, vergonha ou culpa. Tiremos as máscaras, falemos de nossas angústias, dúvidas e dificuldades, mas deixemos um espaço aberto para que Ele também fale conosco. Isso poderá acontecer no momento da prece ou em momento posterior. Esteja atento aos sinais, pois Jesus costuma se utilizar de mil maneiras diferentes para nos falar;

2. Meditemos nos ensinamentos do Mestre. Sendo Jesus o nosso melhor amigo e o Espírito que Deus colocou na Terra para ser nos-

so guia, é necessário conhecermos o que Ele pensa, pois suas lições são conselhos práticos para os nossos momentos de crise e para as decisões que temos de tomar todos os dias. Um guia nos diz o melhor caminho que temos a seguir. Por isso, é vital que saibamos os caminhos que o Guia Jesus tem a nos indicar. Jesus tem palavras de vida eterna, afirmou o Apóstolo Pedro[25], isto é, o que o Mestre ensinou há dois mil anos continua sendo de extrema utilidade para a nossa vida. Uma reflexão diária, ainda que breve, sobre os ensinamentos de Jesus nos faz entrar em contato com a mente do Cristo, trazendo vigor para nosso espírito e sabedoria para nossa alma.[26]

Quem precisa de socorro e solução encontrará em Jesus força durante a provação e segura orientação para os momentos mais críticos da vida. O Cristo afirmou que, com Ele, nosso fardo seria leve. Sem Ele, a vida fica pesada demais!

---

25 João 6, 68.
26 Tomo a liberdade de indicar a leitura de *O Evangelho Segundo o Espiritismo*, de Allan Kardec, que contém as principais lições de Jesus interpretadas à luz do Espiritismo. Atrevo-me a indicar a leitura de dois livros de nossa autoria contendo reflexões sobre os ensinamentos de Jesus: *O Médico Jesus* e *Alguém Me Tocou*, ambos publicados pela Intelítera Editora.

11
Socorro da fé

SE NÃO TIVERMOS FÉ,
QUE ESPERAREMOS?

JOSÉ, ESPÍRITO PROTETOR[27]

❧ ✳✳✳ ❧

Numa pequena cidade do interior, não chovia havia muito tempo. A lavoura havia sido devastada pela seca e todos os habitantes da cidade estavam muito preocupados com as consequências, pois já era iminente o risco de faltar água e comida. Sensibilizado, o padre resolveu convocar os fiéis para uma missa, na qual todos pediriam aos céus a bênção da chuva.

---

27 *O Evangelho Segundo o Espiritismo*, Allan Kardec.

Chegado o dia, os moradores estavam dentro da igreja e o padre apareceu, olhou para todos e começou a expulsá-los, chamando-os de incrédulos, de gente de pouca fé. Um dos fiéis, no entanto, questionou o sacerdote sobre o motivo de sua atitude. O padre, ainda nervoso, blasfemou, dizendo: "Se vocês tivessem fé, com certeza teriam trazido sombrinha ou guarda-chuva..."

Gosto dessa história, porque nos estimula a termos uma fé mais convincente, aquela que leva sombrinha e guarda-chuva quando o sol das adversidades está nos castigando com a seca. Muitas pessoas dizem que terão fé quando Deus realizar seus pedidos. Mas, aí, não precisa de fé! É quando tudo conspira contra a nossa vida que a fé surge como um dos mais eficientes socorros que temos a nosso favor. Allan Kardec esclarece que: "A fé robusta confere a perseverança, a energia e os recursos necessários para a vitória sobre os obstáculos, tanto nas pequenas quanto nas grandes coisas."[28] É dessa fé que o sacerdote estava se ressentindo nos fiéis que compareceram à igreja.

"A tua fé te salvou", pregava constantemente Jesus. E eu fico a pensar: Se a minha fé pode me salvar, a minha falta de fé pode me arruinar.

---

28 *O Evangelho Segundo o Espiritismo*, Edições FEESP.

Não estaríamos hoje experimentando muitos sofrimentos porque, na verdade, somos homens de pouca fé, somos uma geração incrédula, como alertava Jesus?

Um dos nossos maiores problemas espirituais é a falta de fé em nós e em Deus. Se duvidarmos de nós, a insegurança nos dominará e ninguém acreditará em nossas capacidades. A insegurança é como um cupim que vai aos poucos nos devorando, silenciosamente, por dentro e, na hora em que temos que demonstrar nossas capacidades e talentos, acabamos falhando, porque nunca tivemos a verdadeira fé em nós. Temos que acreditar em nós mesmos, porque, se não fizermos isso, ninguém o fará por nós.

Não ter fé em Deus também causa um tremendo buraco em nossa alma. É perder a ligação com o Pai que nos criou e nos ama perenemente, e, com isso, passamos a viver como se fôssemos órfãos abandonados num mundo atribulado. A fé no Deus que nos ama precisa ser urgentemente restaurada em nossa vida. Agora, nem sempre, Deus atenderá a todos os nossos pedidos, porque nem sempre o que pedimos é o melhor para nós. É nesse campo que Deus trabalha: fazendo sempre o melhor para nós, porque, não raro, o que pedimos pode ser o pior para nós.

Você está lendo este capítulo para que a sua fé desperte, cresça e realize os prodígios que, até agora, a sua descrença impediu que se concretizassem. Fé é acreditar e acreditar é ver! Veja bem firme em sua mente tudo aquilo que você está desejando. Veja a saúde melhorando, veja as oportunidades chegando, veja os sonhos se realizando. Veja tudo como cenas reais da sua vida, como se tudo de fato estivesse acontecendo.

Acredite que você é filho de Deus, tem um Pai que vela por você diuturnamente, mas que também espera que você demonstre em atitudes que é filho Dele.

Que tal pegarmos o guarda-chuva?

12
Você é maior do que os seus erros

> UM DIAMANTE TERÁ MENOS VALOR SÓ POR ESTAR COBERTO DE LAMA? DEUS VÊ A BELEZA IMUTÁVEL DA SUA ALMA. ELE SABE QUE NÓS NÃO SOMOS OS NOSSOS ERROS.
>
> YOGANANDA [29]

❖ ❖ ❖

Não raro, a sensação de culpa tem nos afastado da felicidade e criado muito sofrimento em nossa vida. Os erros que cometemos, quando não vistos com as lentes do amor, da humildade e do perdão, podem nos dar a sensação de que somos criaturas horrendas e abomináveis, dignas apenas de castigos e dores. Muitas doenças e tra-

---
[29] *Onde Existe Luz,* Self-Realization Fellowship.

gédias em nossa vida se originam desse mecanismo inconsciente de autopunição.

Instalado esse mecanismo mórbido nos painéis de nossa mente, damos ensejo à criação de um campo de forças autodestrutivas, atraindo fatos dolorosos como acidentes, agressões nas relações sociais e doenças causadas por falhas em nosso sistema imunológico, o qual sucumbe ao nosso desejo inconsciente de sofrer para pagar por um erro cometido.

Precisamos trocar as lentes pelas quais nos enxergamos. Defrontados com os complexos da culpa, carecemos de dar um impulso diferente à energia destrutiva da raiva contra nós mesmos, transformando-a em energia de amor por nós e por todos os envolvidos no conflito estabelecido. A raiva é um processo destrutivo, que somente provoca maiores sofrimentos. O amor é o processo da harmonização íntima, que conduz à paz conosco e com todos que foram vítimas dos nossos equívocos.

Vamos nos enxergar como Deus nos vê. Ele sabe que nós não somos os nossos erros, afirmou Yogananda. Posso ter me equivocado muitas vezes, cometido os maiores deslizes do mundo, mas Deus continua me vendo como um diamante de grande valor, ainda que momentaneamente encoberto pela lama dos meus erros.

É importante lembrar que a nossa evolução é feita através das experiências do erro e do acerto. Há uma boa história, em que um discípulo pergunta ao mestre o que é preciso para ser feliz. O mestre responde que a felicidade depende das boas escolhas que fazemos. Querendo saber mais, o discípulo indaga então como é possível fazer boas escolhas, ao que o mestre responde que isso se dá por meio da experiência. Ainda não satisfeito, o discípulo questiona como ele pode adquirir essa experiência. E o mestre finaliza: "fazendo más escolhas".

O erro nos propicia uma experiência valiosa, pois, através dele, somos capazes de encontrar o caminho do acerto. É preciso ter uma boa dose de humildade para enxergarmos na experiência do erro um "mestre" disfarçado, nos apontando a estrada que nos conduz ao progresso. A culpa nos aprisiona na estrada do erro, mantendo-nos no círculo da dor e do sofrimento, e não é isso o que Deus deseja para nós. Por isso, Jesus falou tantas vezes da importância de perdoar o próximo, valendo lembrar que nós somos o "próximo" mais próximo de nós mesmos. Para tanto, apresento a você algumas sugestões práticas para se perdoar:

1. Convença-se de que você, como qualquer outra pessoa, tem direito a errar, embora deva

se esforçar para não permanecer na atitude equivocada. Diga para si mesmo: "Eu errei porque, naquele momento, agi de acordo com a minha limitada consciência da situação. Hoje, vejo tudo com mais clareza e asseguro que, se soubesse o que hoje sei, me comportaria de forma diferente.";

2. Procure sentir que Deus está neste momento olhando para você sem qualquer gesto de censura, Ele simplesmente o compreende, pede para que você aprenda com seus erros e siga a vida em frente, renovado e totalmente perdoado.

O perdão é o amor em forma de compreensão. Estou certo de que um dos maiores presentes que podemos oferecer às pessoas é compreendê-las. Acreditemos que, dentro de nós, existe alguém precisando desse presente.

13
Salário de Deus

TODO TRABALHO, POR MAIS INSIGNIFICANTE,
QUANDO FEITO COM RESPONSABILIDADE,
DÁ PAZ E ALEGRIA AO NOSSO CORAÇÃO.

CHICO XAVIER[30]

❖ ❖ ❖

O homem nasce para dar frutos. Cada um de nós tem uma obra a ser cumprida na face da Terra. Ninguém veio ao mundo em viagem de passeio.

Deus concedeu a cada um de nós uma determinada tarefa para ser realizada nesta existência. Nossa missão maior é a de tornar melhor este mundo, através do melhor que podemos oferecer às pessoas e às situações que nos cercam.

---

[30] *Encontros com Chico Xavier*, Cezar Carneiro de Souza, ELCE.

Este é o sentido maior de todo e qualquer trabalho que realizamos, seja ele remunerado ou não: servir às pessoas através dos nossos talentos. Quando assim procedemos, executando nosso trabalho com responsabilidade e satisfação, estamos ligados à nossa missão de vida, e isso nos proporciona paz e alegria no coração.

Quem trabalha apenas por dinheiro está perdendo a maior e melhor remuneração espiritual que o trabalho proporciona. Yogananda afirma que o altruísmo é o princípio que governa a lei da prosperidade.[31] Portanto, quando temos o propósito de fazer com que o nosso trabalho não apenas nos beneficie, mas também favoreça a vida do próximo, entramos nas faixas divinas onde o trabalho de Deus se realiza em prol da humanidade, trazendo-nos as bênçãos da prosperidade material e espiritual. Deus sempre socorre a quem trabalha para Ele.

Por isso que o trabalho, quando realizado dentro desse princípio do altruísmo (oposto do egoísmo), produz tantos benefícios ao trabalhador, porquanto, movimentando a própria energia divina, o trabalho com Deus mata o tédio, afasta-nos dos pensamentos negativos, eleva a nossa autoes-

---

31 *Onde Existe Luz*, Self-Realization Fellowship.

tima, ajuda a curar muitas doenças e atrai mais trabalho e prosperidade para nossa vida.

Jesus afirma que Deus nos faz um convite diário: "Filho, vai trabalhar hoje na vinha."[32] A "vinha" é o terreno que Deus nos concedeu para trabalharmos, é a família, a comunidade onde estamos inseridos, a profissão que exercemos, os amigos, os clientes, a empresa onde trabalhamos, o patrão e o empregado. A terra é excelente, mas ela só produz se trabalharmos com amor. Somos operários contratados por Deus para trabalhar na empresa chamada "Planeta Terra". Se fizermos um bom trabalho, Deus pagará regiamente o nosso salário.

---
32 Mateus 21, 28.

14
Memórias do picolé

> Nosso autoconceito determina nosso destino, isto é, a visão mais profunda de nós mesmos influencia todas as nossas escolhas significativas e todas as nossas decisões e, portanto, determina o tipo de vida que criamos para nós.
>
> Nathaniel Branden [33]

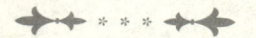

O conceito que fazemos de nós mesmos determina o nosso destino. O comportamento que hoje temos é fruto da imagem que formamos a nosso respeito ao longo do tempo, sobretudo no período da infância. Mas essa imagem nem sempre reflete a realidade daquilo que efetivamente somos, pois ela pode ter sido distorcida por uma equivocada interpretação dos fatos que nos suce-

---

[33] *Autoestima, Como aprender a gostar de si mesmo*, Saraiva.

deram. De qualquer maneira, formado o conceito do que pensamos ser, passamos a agir de acordo com ele, fazendo de tudo para confirmá-lo, como se fôssemos atores representando o personagem que elaboramos em nossa mente. E, assim, vamos construindo o nosso destino.

Muitas pessoas, apesar dos esforços que realizam para ter uma vida feliz, não conseguem alcançá-la, porque o autoconceito que carregam dentro de si está em antagonismo com os seus propósitos de felicidade. Vamos ilustrar essa ideia com uma história contada pelo médico Dr. Ben Johnson, a respeito de uma paciente sua, que aqui vou chamar de Brenda.[34] Tratava-se de uma mulher portadora de uma inteligência privilegiada, formada em respeitável universidade americana. Na verdade, Brenda não tinha problemas de saúde, mas problemas com o sucesso. Ela dizia: "Fico me sabotando em minha carreira. Todos dizem que eu deveria ser uma pessoa influente em Wall Street,[35] mas, sempre que chego perto de algo parecido, encontro um modo de me atrapalhar."

---

34 *O Código da Cura*, Alexander Loyd e Ben Johnson, Best Seller.
35 *Wall Street* compreende atualmente o mais importante centro comercial e financeiro do mundo. Localizado nos Estados Unidos, em suas famosas calçadas circulam diariamente representantes de grandes empresas no mundo inteiro. http://pt.wikipedia.org/wiki/Wall_Street - acesso em 05/05/2013.

Conta o Dr. Benson que a causa do problema de Brenda residia em uma lembrança de quando ela tinha 5 ou 6 anos. Era um dia de verão e a mãe tinha dado um picolé para a irmã de Brenda, mas não lhe quis dar um. A mãe teve uma razão para isso. Brenda não havia feito a refeição, ao contrário de sua irmã. Por isso, a mãe deu a recompensa para a irmã e não deu para Brenda. No entanto, o que ficou gravado na cabeça daquela criança foi o seguinte: "Minha mãe deu um picolé para minha irmã, mas não quer me dar um. Isso deve significar que gosta mais de minha irmã do que de mim. Se gosta mais dela, isso deve significar que há algo de errado comigo. Então, quando eu estiver com outras pessoas, elas também não vão gostar de mim, porque vão perceber que há algo de errado comigo."

Concluiu o Dr. Benson que a interpretação dada por Brenda ficou gravada em sua mente, da mesma forma quando instalamos um programa em nosso computador. E esse "programa mental" tinha os seguintes dizeres: "Não serei amada nem bem-sucedida porque há algo errado comigo." Todas as vezes em que Brenda tinha que demonstrar um bom desempenho no campo profissional, aquele programa arquivado na mente inconsciente era ativado e passava a dominar seus pensamentos, emoções e atitudes.

Ela estava agindo de acordo com o conceito depreciativo que tinha de si mesma e, por isso, seu desempenho profissional tornava-se insuficiente para atingir o sucesso que ela era capaz de alcançar. A memória do picolé estava sabotando todas as chances de sucesso profissional de Brenda, pois ela, apesar de muito capaz, comportava-se de forma a confirmar a tese de que havia algo de errado com ela. Quem tem memórias depreciativas tem grandes chances de boicotar a própria felicidade, pois sempre acabamos agindo para confirmar o autoconceito formado em nossa mente.

Estou certo de que quase todos nós também temos "memórias de picolé". Começamos a realizar vários projetos, mas parece que sempre ocorre algo que nos desvia do intento desejado, sempre arrumamos um jeitinho de nos atrapalhar, de falhar na hora "H", de ficar doente no dia da prova, de dar o maior fora com a pessoa que está querendo nos conquistar, de dar "branco" na hora da reunião com a equipe de trabalho, de ficar gripado logo na primeira semana em que iniciamos o regime, e assim por diante. E, apesar dos nossos esforços e do desejo de ser feliz, quase sempre terminamos na estaca zero, pois, no fundo, quem está nos dirigindo é aquela imagem distorcida, que assumiu o controle da nossa vida, com a nossa permissão.

Para confirmar o autoconceito depreciativo, acabamos tomando atitudes contra nós mesmos, atitudes que, conscientemente, sabemos que estão erradas, mas, na hora decisiva, é a mente emocional que domina a mente racional. Bernardo Stamateas, renomado psicólogo argentino, afirma que criamos armadilhas mentais para derrubar a nossa autoestima, quais sejam:

Eu não mereço, não sirvo, não sou digno, não sei se vou conseguir..., é muito difícil para mim.[36]

Mas há outras armadilhas disfarçadas em nosso mundo interior, armadilhas que só serão conhecidas mediante uma análise profunda de nós mesmos.

É preciso neutralizar as memórias destrutivas, porque foram construídas sobre premissas falsas. O primeiro passo para isso é ficar atento às nossas próprias armadilhas. Vamos escrever tudo aquilo de que pudermos nos lembrar a respeito de como nos temos sabotado, é o conselho prático de Osho.[37] Quando identificamos as nossas "memórias de picolé", a tendência é não mais cair nas suas armadilhas. É como geralmente os motoristas agem quando sabem que, num determinado

---
36 *Autossabotagem*, Academia.
37 *Osho todos os dias*, Verus.

trecho da rodovia, existe um radar; eles desaceleram, ficam atentos para não ultrapassarem o limite de velocidade.

O segundo passo é construir memórias positivas a nosso respeito. Como Jesus afirmou que somos deuses,[38] que somos o sal da Terra[39] e a luz do mundo,[40] vamos fortalecer a nossa autoimagem nos "hipnotizando" com as seguintes palavras:

Eu mereço, eu sirvo, eu sou digno, eu posso conseguir, eu sou capaz, eu tenho valor...

Repitamos para nós mesmos essas frases, vezes e mais vezes – mas é preciso que sintamos dentro do peito que tudo o que estamos dizendo representa a verdade sobre nós mesmos. É a verdade, porque é aquilo que vem de Deus, porque é o reflexo da nossa natureza divina. Só assim ficaremos livres das vozes que nos desqualificam e nos menosprezam. Grite dentro de você:

Sou filho de Deus, por isso mereço ser feliz e sou capaz de criar essa felicidade para mim.

A gente se vê no topo!

---

38   João 10, 34.
39   Mateus 5, 13.
40   Mateus 5 , 14.

15
A prece que resolve

A CAUSA DA NÃO CONCRETIZAÇÃO DO PEDIDO FEITO POR MEIO DA ORAÇÃO É A POSTURA MENTAL DE SÓ QUERER ALGO E NÃO PENSAR EM DOAR-SE.

MASAHARU TANIGUCHI[41]

※ ※ ※

A miúde, suplicamos o socorro divino por intermédio de nossas preces, mas nosso coração nem sempre está aberto à possibilidade de socorrer as pessoas que cruzam o nosso caminho. Queremos receber o amparo divino para as nossas dificuldades, mas quase sempre não nos interessamos em amparar as dificuldades do próximo. Pedimos a Deus que solucione nossos pro-

---

41 *Você Pode Curar a Si Mesmo*, Seicho-No-Ie.

blemas, no entanto, estamos de olhos fechados aos problemas dos outros. É uma atitude incoerente de nossa parte e que acaba vindo em nosso prejuízo, porque Deus não é tocado pela prece do homem egoísta.[42]

Quem deseja ser auxiliado por Deus precisa ser um canal do auxílio divino ao semelhante. A nossa postura egocêntrica cerra as portas do socorro divino a nosso favor, não porque Deus esteja nos punindo, mas porque nós mesmos, ao darmos as costas à caridade e aos outros, impedimos que a caridade alheia nos encontre.

Ninguém fará progressos reais e duradouros na vida sem beneficiar os outros. Quem somente pensa no próprio benefício está se isolando do amparo divino, porque, amanhã, inevitavelmente, chegará a vez em que nós precisaremos nos ajoelhar diante dos céus em atitude de súplica. E que créditos espirituais teremos diante da Justiça Cósmica para pedirmos este ou aquele socorro, se nossas mãos sempre estiveram vazias de amor ao próximo?

Eu me pergunto muitas vezes quantas pessoas estariam orando por mim em razão de algum benefício que eu lhes tenha prestado. Atravessando um período de crise, quantas preces têm chegado

---
42 *O Livro dos Espíritos*, Allan Kardec, questão n. 658.

ao Céu intercedendo em nosso favor? Enfrentando uma delicada cirurgia, estando entre a vida e a morte, quantas pessoas estariam orando por nós além dos nossos familiares? É claro que a eficácia da prece não depende tanto do número de pessoas que esteja orando em nosso benefício, mas é inegável que as orações feitas em favor de alguém que vem beneficiando tantas vidas são recebidas com especial atenção nos planos celestiais.

É por isso que as boas ações são as melhores preces, porque os atos valem mais do que as palavras.[43] O conselho de Masaharu Taniguchi para que tenhamos nossas preces atendidas é não vivermos pedindo coisas só para nós, mas, também, doarmo-nos para os outros. Doação que vai além das coisas materiais, alcançando também a doação de simpatia, doação de um conselho, doação de uma palavra de conforto, doação de compreensão, de paciência e perdão.

Fazer alguém feliz é a prece mais forte que podemos fazer em nosso favor. A prece que resolve algo para nós é a nossa atitude que resolve alguma coisa para o próximo. Perante as Leis Divinas, rico e abençoado é o homem que vê o mundo além do próprio umbigo.

---

43 *O Livro dos Espíritos*, Allan Kardec, questão n. 661.

16
Deus conosco

Se Deus é por nós,
quem será contra nós?

Paulo, Apóstolo[44]

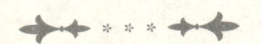

❖ ✱✱✱ ❖

O pensamento do Apóstolo Paulo é muito confortante. Deus é por nós. Podemos assim pensar que:

1) Deus não está contra nós;
2) Deus não nos castiga;
3) Deus não nos abandona;
4) Deus é o nosso maior defensor.

---
[44] *Romanos 8, 31.*

Paulo extrai certamente suas palavras da ideia central de que Deus é nosso Pai, conforme Jesus nos apresentou na oração do "Pai-Nosso". Então, Deus não é vingativo; é o Pai que nos ama e nos provê de tudo o que precisamos para a nossa felicidade.

Se Deus é por mim, aquilo que chamo de "problema" pode ser apenas um recurso de que Deus se vale para me corrigir na vida e me conduzir a roteiros mais seguros. Muitas vezes, os nossos planos não coincidem com os planos de Deus. Quando a vida insistentemente põe obstáculos intransponíveis em nosso caminho, isso quer dizer que Deus tem um caminho diferente para nós, por certo, um caminho melhor do que aquele que pretendíamos percorrer.

Quem se entrega às mãos amorosas de Deus se sente seguro e protegido de toda a investida do mal. Quem está em Deus, com o coração puro e a consciência limpa, cria uma atmosfera espiritual em torno de si tão elevada, que nenhuma vibração negativa é capaz de alcançá-lo.

Quem se vacina com o amor imuniza-se contra o mal. Se estamos com Deus, a força criadora do Universo, ninguém conseguirá nos destruir. Nossa maior proteção é colocar Deus no centro de nossa vida. Creio que Paulo de Tarso quis nos transmitir a ideia de que devemos ter confiança em Deus. Se Deus é por nós, confiemos Nele, sem hesitação. Vale a pena meditar nesse ato de confiança que Emmanuel escreveu para sentirmos toda a proteção de Deus em nossa vida:

> *Em casa,*
> *Deus te mantenha.*
> *No trabalho,*
> *Deus te inspire.*
> *No trânsito,*
> *Deus te guie.*
> *Nas tentações,*
> *Deus te guarde.*
> *Nas provas da vida,*
> *Deus te dê forças.*
> *Em tudo o que faças,*
> *Deus te abençoe.*[45]

---

45 *Neste Instante*, psicografia de Francisco Cândido Xavier, GEEM.

17
Faça luz em sua vida

DIANTE DA NOITE, NÃO ACUSE AS TREVAS.
APRENDA A FAZER LUME.

ANDRÉ LUIZ[46]

✦ ✳ ✳ ✳ ✦

Se estivermos num quarto escuro, de nada adiantará nos revoltarmos contra a escuridão. Isso não vai fazer com que a luz se acenda. Da mesma forma, se o sofrimento tem deixado nossos dias mais escuros, de nenhum proveito é a nossa atitude de queixa ou revolta contra os problemas que nos visitam. Precisamos aprender a fazer luz, como ensina André Luiz. E de que maneira pode-

---
46 *Agenda Cristã*, psicografia de Francisco Cândido Xavier, FEB.

mos fazer isso? Vamos nos concentrar naquilo que nos deixa bem e largar tudo o que nos deixa mal. Aqui vão algumas indicações:

1. Troquemos a queixa pela gratidão.
2. Cultivemos diariamente pensamentos positivos, não deixando que as ideias negativas ganhem espaço em nossa mente.
3. Acreditemos firmemente que estamos sob a proteção de Deus, e que nenhuma força contrária poderá nos desviar do olhar atento e misericordioso que o Senhor tem por nós.
4. Nos momentos de angústia, procuremos o socorro da prece.
5. Creiamos que o mal que hoje nos atinge é a visita disfarçada do bem, preparando novos e melhores caminhos para o amanhã.
6. Continuemos cumprindo as nossas obrigações da melhor maneira possível, auxiliando quem necessite de nossa cooperação.

Assim agindo, faremos muita luz em nosso caminho e tudo, pouco a pouco, há de clarear em nossa vida. Entendamos, sobretudo, que há uma lição oculta em cada problema, um aprendizado a ser feito por nós. Provavelmente, estamos nos esquecendo de praticar algo que já sabemos. A dor é um sinal de alarme chamando a nossa atenção para algo que não estamos fazendo da forma como já poderíamos fazer. Não gritemos lá fora contra o sofrimento! Examinemos dentro de nós mesmos se já não poderíamos estar agindo de uma forma melhor na situação que nos aflige.

Será que temos amado o suficiente? Por acaso, já não é hora de perdoar quem nos feriu? Porventura, temos nos empenhado em colocar todo o nosso potencial em ação na resolução dos desafios que a vida nos apresenta? Será que não estamos fazendo "corpo-mole" para escalar a montanha dos nossos sonhos? Será que não nos estamos tratando como "coitados", esquecendo que nós estamos no comando da própria vida?

A mensagem espiritual nos conclama a pararmos de acusar as trevas, isto é, a estancarmos todo o processo de queixa, revolta e inconformismo diante dos percalços que nos afligem. Quem está na escuridão precisa de luz. Hoje é dia de clarear o nosso caminho com a luz das atitudes positivas. Só assim espantaremos as trevas para bem longe.

18
Atitudes valem mais do que palavras

AQUELE QUE PEDE A DEUS O PERDÃO DE SUAS FALTAS NÃO O OBTÉM, SENÃO MUDANDO DE COMPORTAMENTO. AS BOAS AÇÕES SÃO A MELHOR PRECE, PORQUANTO OS ATOS VALEM MAIS DO QUE AS PALAVRAS.

ALLAN KARDEC[47]

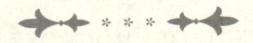

❖ ∗∗∗ ❖

A melhor atitude religiosa é aquela que está mais nas mãos do que nos lábios. Promessas não convencem a Deus, tampouco mudam a nossa vida. Se promessas fossem, por si sós, eficazes, todo mundo estaria feliz e realizado no dia 1º de janeiro com as "promessas de Ano Novo." A promessa pode até ser um agente motivador, porém ela, por si só, não traz as transformações que dese-

---

[47] *O Espiritismo Na Sua Expressão Mais Simples*, FEB

jamos. Se a intenção não vier seguida de uma ação correspondente, nossas promessas estarão apenas nos iludindo quanto à possibilidade de reais mudanças em nossa vida.

A vida só muda quando nós mudamos. Essa é a lei da atitude que Jesus apresentou nestas palavras: "A cada um segundo as suas obras"[48], não segundo as suas promessas. Quando nos equivocamos, Deus não vai se sensibilizar pelas horas que passamos de joelhos nos penitenciando pelo erro cometido. O arrependimento só é aproveitável quando ele é seguido da mudança de atitude. Geralmente, quem muito promete mudar é porque ainda não se convenceu verdadeiramente da necessidade da mudança.

E quantas vezes barganhamos com Deus um determinado benefício com a promessa de que, uma vez alcançada a graça, vamos nos tornar pessoas boas, caridosas e sem vícios? Não seria o caso de invertermos esse processo, tornando-nos, desde já, pessoas boas, caridosas e sem vícios? Pois é a partir dessa mudança de atitude que os nossos problemas começam a ser resolvidos. Quando mudamos a nossa atitude para melhor, mudamos a nossa energia para melhor, e, a partir daí, tudo começa

---

48 Mateus 16, 27.

a melhorar em nossa vida. Portanto, somos nós que desencadeamos o processo de criação de uma vida melhor, através de um conjunto de atitudes melhores. Não é mais possível conceber que simples promessas, orações ou rituais irão melhorar a nossa vida, sem que melhoremos o padrão das nossas atitudes.

A solução para nossos problemas é curar as atitudes negativas. Se estivermos doentes, por exemplo, a melhor maneira de recuperar a saúde é curar as atitudes que nos levaram a adoecer. Segundo o psicólogo Robert Holden, a maioria das doenças tem raízes numa forma de ataque que cada um faz a si mesmo.[49] Estou convencido de que isso se dá por falta de amor por nós mesmos, o que nos traz a angustiante sensação interior de rejeição, abandono e desprezo.

Esses são os três piores carrascos da alma, pois, a partir das chicotadas que nós mesmos acabamos nos infligindo, nos tornamos negligentes, inseguros, agressivos, intolerantes, ansiosos, impacientes, e todo esse conjunto de emoções doentias gera um grande estresse, capaz de nos adoecer. Portanto, a cura de uma doença não se obtém apenas com remédios e cirurgias; é preciso curar a atitu-

---

49 *Mudanças Acontecem*, Butterfly.

de que nos adoeceu, e, basicamente, isso é amar a nós mesmos. A doença é um chamado do amor, é olhar para si mesmo como uma pessoa digna, é se achar merecedora de amor por aquilo que é, e não por aquilo que irá fazer, é uma oportunidade de limpar a alma do egoísmo, é o ensejo de acordar para as coisas essenciais da vida. Se não fizermos isso, tomaremos remédios pelo resto da vida, "remediando" a situação, nunca obtendo, porém, a cura real.

Esse raciocínio se aplica a todos os demais problemas da vida. Todas as dificuldades são um chamado para o amor, e é isso que precisa ser curado. Quando o amor, em forma de atitude, entra em ação, toda a escuridão desaparece. Eis aqui algumas atitudes de amor, muito simples, que podemos ter conosco e com o próximo: amor-amizade, amor-compreensão, amor-perdão, amor-elogio, amor-aprovação, amor-doação, amor-paciência, amor-esperança, amor-confiança...

Quando comento esse assunto com algumas pessoas, geralmente elas me dizem que concordam com meu raciocínio, mas que, por ora, acham difícil agir dessa forma, porque ainda se julgam inferiores demais para gestos de tamanha nobreza. Ora, isso é um equívoco, porque o amor não é um prêmio que nós receberemos um dia, quando formos espíritos evoluídos. Não! O amor já nos foi dado no momento da nossa criação. O amor já está aqui, em cada um de nós. Só que é preciso manifestá-lo, e não apenas esperá-lo ou, simplesmente, prometê-lo. Afinal de contas, o amor somos nós! Ofereço a você essa meditação de Robert Holden,[50] à qual eu dei o nome de "O Amor Chegou":

Não sou uma doença.
Meus sintomas não são o que sou.
Nenhum fracasso isolado é minha
biografia completa.
Erros são momentos,
não placas de identificação.
Pensamentos são apenas pensamentos.
A dor é transitória.
O passado acabou.

---
50 *Mudanças Acontecem*, Butterfly.

19
Abrindo caminhos

CARREGAR RESSENTIMENTOS SERÁ BLOQUEAR
OS SEUS PRÓPRIOS RECURSOS.

ANDRÉ LUIZ[51]

❖ ❖ ❖

O ressentimento é um grande obstáculo à nossa paz, saúde, e prosperidade. A Espiritualidade afirma que o ressentimento bloqueia os nossos próprios recursos, isto é, impede que o melhor de nós se manifeste de forma plena.

A pessoa ressentida, carregando veneno dentro de si mesma, não está em sua melhor forma física, emocional e espiritual, pois a mágoa, representan-

---

[51] *Respostas da Vida*, psicografia de Francisco Cândido Xavier, IDEAL.

do um sentimento negativo, rebaixa a nossa energia vital, afetando todos os níveis da nossa vida. Em consequência, o ressentido tem forte propensão a experimentar apatia, cansaço, tristeza, fragilidade orgânica, falta de interesse no desempenho de suas atividades e dificuldades de atenção.

E tudo isso se reflete negativamente em seus relacionamentos pessoais e profissionais, pois seu aspecto emocional é desagradável e sua energia de atração da prosperidade está bloqueada. É uma energia de repulsão de pessoas boas e situações agradáveis, pois o ressentido está de mal com o mundo, portanto, não pode esperar que o mundo esteja de bem com ele.

Inconscientemente, ele acredita que, ficando ressentido, punirá a pessoa que o feriu, quando, na verdade, ele está ferindo a si próprio e ficando preso a quem o prejudicou. Muitas doenças são processos inconscientes de punição a quem nos feriu. É como se quiséssemos mostrar à pessoa o "estrago" que ela fez conosco, certamente para que sinta culpa pelo mal que nos fez. É uma forma cruel de lidar com a mágoa, pois, na verdade, quem está sofrendo é quem adoeceu e aquele que nos machucou pode até nem se importar com o nosso sofrimento.

A cura do ressentimento é o perdão. É abrir mão do nosso orgulho ferido e ficar com a nossa alma livre e em paz. A humildade é a mais forte aliada do perdão, pois ela nos ajuda a relativizar as coisas, a não dar a elas a importância exagerada que geralmente lhes damos, e nem dar a nós a importância extrema que muitas vezes nos atribuímos. Precisamos diminuir o tamanho das ofensas, das contrariedades. Tudo fica muito pequeno quando pensamos que estamos aqui na Terra em viagem passageira e que, a qualquer hora, poderemos partir.

Eu me senti bastante tocado com o depoimento de um jovem de 25 anos, portador de câncer:

"Sempre fui explosivo: brigava no trânsito, xingava os outros, ficava irritado por qualquer bobagem, já acordava chateado sem saber por quê. Quando entendi que podia morrer, pensei: não tem cabimento desperdiçar o resto da vida. Virei Albert Einstein, o defensor da relatividade: quando alguma coisa me desagrada, procuro avaliar que importância ela tem no universo. Descobri que é possível ser feliz até quando estou triste."[52]

Creio que podemos aprender a perdoar com esse jovem, relativizando as ocorrências negativas

---

52 *Pequenas Felicidades*, obra coletiva, organização de Carmen Lucia Campos e Nílson Joaquim da Silva, Panda Books.

e não desperdiçando a vida que ainda temos pela frente, pois, afinal de contas, com saúde ou sem saúde, todos nós vamos deixar este mundo. Por isso, em nossa passagem pela Terra, vamos nos importar mais com as flores do que com os espinhos. O ressentimento é uma opção espinhosa que podemos fazer diante da mágoa. Mas o perdão é a flor para quem deseja ser feliz.

20
Pare de criticar o mundo

NÃO DIGA QUE O MUNDO É PERVERSO, QUANDO É
JUSTAMENTE DO CHÃO DO MUNDO QUE SE
RECOLHE A BÊNÇÃO DO PÃO.

EMMANUEL[53]

Há pessoas que passam a vida toda criticando o mundo, responsabilizando-o por todo o mal que lhes acontece. Não é assim, porém, que vamos sair do tumulto dos problemas que nos envolvem. A crítica destrutiva nunca ajudou ninguém a sair das próprias dificuldades; ao contrário, apenas nos prende ainda mais aos problemas.

---

[53] *Companheiro*, psicografia de Francisco Cândido Xavier, IDEAL.

Isso acontece porque aquele que só enxerga o mal não há de encontrar outra coisa em sua vida, senão o próprio mal em que acabou se fixando. Aquilo que cada um procura acaba, inevitavelmente, encontrando em seu caminho.

Muitas vezes, caímos na armadilha de nos revoltarmos contra o mundo, uma revolta generalizada contra tudo e contra todos. Isso é próprio de uma visão egocêntrica, isto é, de que a vida deve girar em torno de nós mesmos, o que nos torna seres extremamente exigentes para com os outros, não suportando a menor contrariedade e os limites naturais da imperfeição de cada um. Tem razão Chico Xavier ao afirmar: "Quem mais sofre no mundo é quem tem mais tempo para si mesmo. Quando o sofrimento alheio nos incomoda, o nosso não nos incomoda tanto."[54]

Ouço as vozes de revolta dos magoados contra o mundo dizendo que não pediram para nascer, no que cometem grande equívoco espiritual. Nós já existíamos antes do encontro do espermatozoide com o óvulo, não viemos do nada, já tínhamos vida espiritual antes dessa vida biológica. Não nascemos pela primeira vez; houve apenas um renascimento na Terra, com a finalidade de conti-

---
54 *O Evangelho de Chico Xavier*, Carlos A. Baccelli, DIDIER.

nuarmos nossa trajetória de evolução, ora iniciando novos projetos de crescimento, ora refazendo lições não aprendidas. As adversidades que cada um encontra neste mundo estão no campo das lições que ainda não foram devidamente assimiladas.

E quase todos nós imploramos a Deus uma nova oportunidade de voltar a este mundo e, de uma vez por todas, resolvermos as questões pendentes. Por isso, a revolta com o mundo chega a ser um contrassenso, pois, ao contrário do que dizem, nós pedimos, sim, para nascer e cursar as matérias que vieram de outras vidas em regime de "dependência", pois precisamos avançar em nossa caminhada espiritual. Precisamos ter claro que a felicidade está diretamente associada à nossa evolução espiritual, e evolução quer dizer superação das nossas tendências inferiores, com a conquista do amor e da paz em nossas vidas.

Essas tendências negativas que todos trazemos só podem aflorar num mundo ainda imperfeito, inferior, e, a partir dessa constatação, é que iremos trabalhar pelo nosso progresso. Não é criticando o mundo que construiremos algo de bom para nós; ao contrário, devemos abençoar este mundo imperfeito, pois, através dele, temos oportunidade de trabalhar pelo nosso crescimento.

O pensamento de Emmanuel é uma proposta para que olhemos o mundo de outra forma: é do chão do mundo que se recolhe a bênção do pão, ou seja, é do chão do mundo que nascem as oportunidades de progresso, é no chão do mundo que os sonhos se constroem, é no mundo que encontramos pessoas boas, enfim, é no chão do mundo que estão todas as sementes de que precisamos para a felicidade.

Que as nossas palavras caminhem na direção do bem que almejamos. A palavra que exalta o mal contamina nós mesmos, produzindo o mal em nossos passos. Quando falo mal de alguém ou de uma situação qualquer, eu entro em contato com aquela energia negativa e acabo me contaminando por ela. Da mesma forma, quando falo bem de alguém, quando exalto as qualidades boas de uma situação, eu também me coloco em contato com aquela energia boa e por ela sou envolvido.

O mundo se torna bom para quem fala bem do mundo. Quando dizemos, com fé, que o mundo é bom, automaticamente, a vida se abre em bondade para nós. E não nos esqueçamos de que, sendo o mundo criação de Deus, tudo aqui é muito bom! É só uma questão de direcionar nosso olhar.

21
De coração leve

FELIZES OS PUROS DE CORAÇÃO
PORQUE VERÃO A DEUS.

JESUS[55]

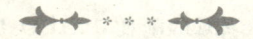

❖ ❖ ❖

Jesus afirma que, para ser feliz, é preciso ter um coração puro. Trata-se de uma das Leis Espirituais da Felicidade que Jesus anunciou no Sermão da Montanha. Quando o Mestre fala da "pureza de coração", certamente, Ele está se referindo à pureza de sentimentos. Ter um coração limpo é ter um coração isento de ódio, mágoa, inveja, malda-

---
[55] Mateus 5, 8.

de e orgulho. O coração impuro é um obstáculo para a felicidade em nossa vida.

O coração impuro atrai doença, miséria, violência e tristeza. Por isso, o melhor trabalho espiritual que podemos realizar em nosso benefício é limpar o nosso coração de todo sentimento negativo que possa nos afastar das bênçãos divinas.

Lembremos que Jesus afirmou que somente os puros de coração verão a Deus, isto é, somente aqueles que estiverem de coração limpo estarão sintonizados na frequência divina onde Deus se mostra a cada um dos seus filhos, concedendo-lhes as dádivas do seu amor. Antes de reclamarmos de que Deus não nos enxerga, precisamos verificar se não estamos de coração fechado, impedindo que a bênção divina entre em nossa vida. Chico Xavier costumava dizer que a felicidade não entra em portas trancadas.

A solução para limpar e destrancar nosso coração vem de duas atitudes fundamentais: humildade e simplicidade. Os adultos, via de regra, estão se esquecendo dessas virtudes tão nobres, mas as crianças lidam muito bem com elas. Crianças têm o coração puro. Por isso, Jesus afirmou que somente aqueles que se assemelhassem a uma criança entrariam no Reino de Deus.[56]

Estou certo de que a pureza da criança está na sua incapacidade de julgar. O Dr. Wayne Dyer, doutor em Psicologia, afirma que a criança nada sabe sobre julgamento e ódio, porque ela não vê aparências, só sabe olhar tudo e todos com amor.[57] Por essa razão, Jesus tanto enfatizou para não julgarmos nossos semelhantes, pois, a partir de cada julgamento, estaremos perdendo a humildade e a simplicidade. Quem julga adota uma postura orgulhosa, porque se acredita superior a quem foi julgado. E vale aqui lembrar a incômoda pergunta do Cristo: "Como é que você pode dizer ao seu irmão: *Me deixe tirar esse cisco do seu olho,* quando você está com uma trave no seu próprio olho?"[58]

Quando passamos a viver querendo tirar o cisco que está nos olhos alheios, entrando no jogo da maldade, nosso coração fica pesado pelo orgulho, perdemos a simplicidade, e a consequência disso tudo é que nossa vida entra numa faixa de energia tão negativa, que tudo se vira contra nós. Por isso,

---

56 Mateus 18, 3.
57 *Muitos Mestres*, Nova Era.
58 Mateus 7, 4

Jesus afirmou que os humildes serão exaltados e os orgulhosos serão humilhados.[59]

Monja Coen, líder do budismo no Brasil, afirma: "Sabe por que Sidarta Gautama se torna o Buda? Porque ele não briga mais, não tem necessidade de provar que está com a razão."[60] E quando não brigamos mais, quando abrimos mão de julgar e condenar, paramos de ter ódio, raiva e vingança. Assim, nosso coração fica leve como o coração de uma criança, e a felicidade invade a nossa vida.

---

59 Lucas 14, 11.
60 O *Pequeno Livro da Sabedoria*, organização de Lauro Henriques Jr, Leya.

22
Voltando para casa

> Aquele que morre na flor da idade não é vítima da fatalidade. Deus apenas julga não ser mais necessário que ele permaneça na Terra.
>
> Sansão[61]

✦✤✦ ✶✶✶ ✦✤✦

A dor decorrente da perda de um ente querido sobretudo daquele que partiu em tenra idade, só poderá ser curada mediante a compreensão de que a Terra não é a nossa morada permanente. Nossa natureza é espiritual, sendo o corpo apenas uma vestimenta do espírito enquanto houver razões para que ele permaneça estagiando na dimensão terrena.

---

61 *O Evangelho Segundo o Espiritismo*, Allan Kardec, Cap. V, item 21.

A Terra deveria ser considerada por nós como um país estrangeiro. Nossa verdadeira pátria é o mundo espiritual, porque somos espíritos, e não o corpo material que, temporariamente, nos envolve. Como afirmou o teólogo francês Teilhard de Chardin, nós não somos seres humanos tendo experiências espirituais; somos seres espirituais tendo experiências humanas.

Somos espíritos estagiando na Terra para ter experiências humanas e experiências passageiras. No meu caso, por exemplo, poderia dizer que não sou pai, estou tendo uma experiência de pai. Não sou juiz, estou tendo uma experiência como juiz. Isso nos ajuda a relativizar as nossas experiências, diminuindo o peso e a tensão que, muitas vezes, elas exercem sobre nós, porque todas elas, um dia, passarão, mas o espírito sobreviverá a tudo, adquirindo apenas o aprendizado feito com a experiência realizada.

Nossa visão materialista enxerga o corpo como sendo a própria pessoa, quando o corpo é apenas o uniforme que o espírito usa quando de sua passagem de aprendizado pela Terra. Quando a experiência termina, não há mais sentido para que ele continue com o uniforme. Quando vemos um corpo na mesa fria de um necrotério ou na urna funerária, não estamos mais vendo o espírito que revestiu aquele corpo. É o que acontece com algumas joias de rara beleza e grande valor, cujas exposições públicas são feitas apenas através de réplicas bem feitas. O espírito é essa joia rara que, após findar sua experiência pela Terra, regressa ao mundo espiritual para novos aprendizados, permanecendo nas cerimônias fúnebres apenas a "réplica".

Portanto, a morte não pode ser vista como um castigo, porque nada mais representa do que o término de uma experiência e o regresso do espírito ao seu país de origem. Quando o aluno conclui o curso, é natural que ele deixe a escola, não é? E, por mais interessante que tenha sido o estágio na Terra, sempre é bom voltar para a nossa pátria, sempre é bom voltar ao aconchego do nosso lar. Por este prisma, a morte é um prêmio, porque o espírito retorna ao seu verdadeiro mundo.

Qualquer pessoa que deixa este plano de existência, independentemente do tempo que permaneceu por aqui, recebeu das mãos de Deus o convite para regressar para casa, porque o Pai entendeu não haver mais necessidade de que ela permanecesse no país distante. Era hora de voltar. Experiência cumprida, longa ou curta, não importa. Somente Deus sabe precisar as reais necessidades do espírito que foi chamado de regresso ao mundo espiritual.

A solução para a dor de quem fica é curvar-se à vontade soberana, justa e amorosa de Deus. Quem ama o próximo sempre quer o melhor para ele. E quando Deus chama de volta um dos seus filhos, o melhor para ele é voltar.

23
A enfermidade é mais do que um problema físico

A VERDADEIRA CURA ENVOLVE O CORPO, A MENTE E O ESPÍRITO. ACREDITO QUE, SE "CURARMOS" UMA DOENÇA E, AINDA ASSIM, NÃO RESOLVERMOS AS QUESTÕES EMOCIONAIS E ESPIRITUAIS QUE A CERCAM, ELA IRÁ SE MANIFESTAR DE NOVO.

LOUISE L. HAY[62]

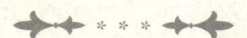

❖❖ ✦✦✦ ❖❖

Imagine que você está com um ferimento no corpo. Um ferimento que sangra. Você olha para a roupa e nota que ela está manchada de sangue. Você, provavelmente, desejará trocar de roupa, mas tal providência não solucionará o problema, pois, em breve, a nova roupa também ficará manchada. É preciso estancar o sangue, fechar a ferida.

Em relação às nossas doenças, algo semelhante ocorre conosco. Não adianta apenas tomarmos os

---
[62] *Milagres da Vida Moderna,* Best Seller.

cuidados com os aspectos físicos da enfermidade, porque o homem não é apenas o seu corpo, ele é um espírito eterno que utiliza um corpo provisório. E, hoje, está mais do que provada cientificamente a interação entre corpo e mente, isto é, entre matéria e espírito, de modo que a cura, para ser completa, precisará alcançar os estados doentios do espírito. É preciso fechar as feridas da alma.

Anselm Grün, teólogo, afirma que a doença é um símbolo através do qual a nossa alma se expressa.[63] Portanto, diante da enfermidade que nos acomete, vale a pena ouvir os alarmes que nosso espírito está dando através do corpo. Perguntemos o que ele está querendo nos dizer, que necessidade nossa não está sendo atendida, que conflito estamos engolindo sem a devida solução, que peso estamos carregando além dos nossos limites.

O corpo fala através das enfermidades, e a nossa disposição em ouvi-lo pode fazer toda a diferença na conquista da cura. Por exemplo, muitas vezes, uma tendinite de punho pode não estar ligada apenas à questão do esforço repetitivo, mas, também, a uma insatisfação reprimida quanto a algum aspecto do trabalho que a pessoa realiza. A tendinite é o símbolo que expressa esse desconfor-

---
63 *A Saúde como Tarefa Espiritual*, Editora Vozes.

to da alma, e a sua cura não se dará apenas com remédios e fisioterapia. É preciso que o paciente elabore esse conflito íntimo de alguma forma, que resolva essa insatisfação interna, sem prejuízo do tratamento médico prescrito.

Diante de nossas doenças, jamais desprezemos o concurso dos médicos, que também atuam em nome de Deus, mas não nos esqueçamos de que a cura também passa pela saúde do nosso espírito. Por isso, transcrevo a seguir valiosas prescrições curativas do médico espiritual André Luiz:[64]

1. Guarde o coração em paz, à frente de todas as situações e de todas as coisas.
2. Apoie-se no dever rigorosamente cumprido. Não há equilíbrio físico sem harmonia espiritual.
3. Cultive o hábito da oração. A prece é luz na defesa do corpo e da alma.
4. Estude sempre. A renovação das ideias favorece a sábia renovação das células orgânicas.
5. Evite a cólera. Enraivecer-se é animalizar-se, caindo nas sombras de baixo nível.
6. Fuja à maledicência. O lodo agitado atinge a quem o revolve.

---

64 *Aulas da Vida*, psicografia de Francisco Cândido Xavier, IDEAL.

7. Use a paciência e o perdão infatigavelmente. Todos nós temos sido tolerados pela Bondade Divina milhões de vezes, e conservar o coração no vinagre da intolerância é provocar a própria queda na morte inútil.

Estamos com uma receita espiritual às mãos. Deus nos socorre por meio dela. Mas a solução está em tomar o remédio.

24
Com a pedra você constrói o edifício

Não se detenham, meus filhos, ante as pedras das dificuldades que surgem inevitavelmente no caminho de todos nós. São elas que nos mantêm na estrada do crescimento espiritual, porque a presença delas nos obriga a pensar em Jesus, a orar com Jesus e a agir como Jesus nos pede. Sem as pedras da vida, o homem fatalmente se perderia na estrada livre de dificuldades. Contornemos as pedras do caminho, com oração e trabalho, e sigamos na direção que Jesus nos aponta rumo à vitória que nos aguarda mais adiante.

Bezerra de Menezes[65]

❖ ✳ ✳ ✳ ❖

Problemas estão no caminho de todos nós. Não há quem atravesse a vida sem enfrentar obstáculos, perdas e aflições. Mas a maneira de encarar os problemas é que faz toda a diferença. Um olhar espiritual sobre o assunto nos diria que as dificul-

---

[65] Mensagem recebida por José Carlos De Lucca.

dades são exercícios destinados ao nosso crescimento interior, pois, através delas, precisaremos ativar as aptidões necessárias à resolução da situação que nos aflige.

Quem enxerga o problema como um "problema", e não como uma porta de acesso do seu desenvolvimento pessoal, provavelmente, reagirá de maneira negativa perante o desafio evolutivo que lhe está sendo apresentado através da dificuldade, com inegáveis chances de fracasso.

Vamos imaginar que o problema venha numa caixa de presente com um embrulho malfeito. Nossa primeira reação será imaginar que o presente seja tão feio quanto o embrulho e teremos receio até de abri-lo. No entanto, ao vencermos a impressão negativa que, à primeira vista, o embrulho nos causou, iremos, pouco a pouco, descobrindo o presente valioso que recebemos da vida.

Posso assegurar que, depois de "desembrulharmos" todo o problema, perceberemos que algo de bom nasceu em nós, nos tornamos mais fortes, passamos a dar mais valor à vida, crescemos em experiência e nos habilitamos a desafios ainda maiores. Daí por que uma visão otimista da vida nos ajuda a enxergar que uma simples pedra pode se transformar na base de um grande edifício, estimulando-nos a termos atitudes que transformem essa visão em realidade. Com muita razão, Glenn Van Ereken, conceituado escritor, afirmou que: "O otimismo não é um estado mental romântico e idealista que acredita que o futuro será automaticamente ideal. Em vez disso, o otimista aprende a agir de uma maneira que cria um futuro positivo."[66]

Alguém já escreveu que o pessimista é aquele que cria dificuldades a partir das oportunidades, enquanto o otimista é aquele que cria oportunidades a partir das dificuldades. Será que temos sido criadores de dificuldades ou de oportunidades?

Na travessia de qualquer problema, tenhamos uma postura mais otimista e consideremos o conselho espiritual de Bezerra de Menezes quanto à utilização dos recursos da oração e do trabalho. Oração que nos liga a Deus. Trabalho que faz despertar o deus que há em cada um de nós e criar uma vida melhor a partir do pior que nos tem ocorrido.

Eu tenho certeza de que podemos conseguir!

---

[66] *12 Segredos Simples da Felicidade Num Mundo Caótico*, Cultrix.

25
Suor ou lágrimas?

> TODOS EVOLUEM DESIDRATANDO,
> SEJA PELO SUOR DO TRABALHO OU
> PELAS LÁGRIMAS DO SOFRIMENTO.
>
> CHICO XAVIER[67]

❖✦❖ ✶✶✶ ❖✦❖

Deus tem um plano para nós. Ele criou todos os Espíritos simples e ignorantes até que eles cheguem, progressivamente, à perfeição.[68] Deus almeja que cada um dos seus filhos seja feliz, e essa felicidade tanto mais se alcança quanto mais o Espírito se aperfeiçoa. É uma felicidade que é

---

67 http://www.frasesnofacebook.com.br/frases-famosas/todos-evoluem-desidratando-10627/ - acesso em 18 de maio de 2013.
68 *O Livro dos Espíritos*, Allan Kardec, questão n. 115.

construída por nós, e não simplesmente que nos é dada sem qualquer esforço de nossa parte!

Uma visão espiritualista da vida nos apresenta a felicidade diretamente ligada ao grau de adiantamento moral e intelectual do Espírito. Quanto mais avança, mais ele é feliz, porque, com sua maturidade espiritual, aprendeu a fazer escolhas certas e, portanto, tem a felicidade como resposta às suas escolhas. Por tal razão, Emmanuel afirma que felicidade é devolução,[69] ou seja, é o retorno das opções felizes que cada um foi capaz de realizar.

Há quem pense em solucionar seus problemas sem fazer escolhas diferentes do que tem feito. Não há lógica em tal postura, porque os problemas de hoje são os resultados das escolhas de ontem e, se nós continuarmos com as mesmas opções, teremos sempre os mesmos resultados e continuaremos a chorar incessantemente. Seria sensato, por exemplo, Deus atender às preces de um alcoólatra que sofre de cirrose, curando-lhe o fígado adoentado, se o doente continua bebendo? Toda solução espiritual sempre exigirá um determinado grau de transformação positiva de nossa parte, pois, do contrário, Deus seria um simples faxineiro encarregado de limpar a sujeira deixada

---

[69] *Sinais de Rumo*, psicografia de Francisco Cândido Xavier, GEEM

por nossos passos, sem que tenhamos o trabalho de limpar os sapatos.

Para que o plano divino se cumpra (o de nos conduzir à perfeição), Deus estabeleceu a Lei Espiritual de Evolução. Ninguém vive à margem dessa Lei, conforme observou Chico Xavier. Todo Espírito chegará, inevitavelmente, à perfeição e, portanto, à felicidade suprema e permanente, quando alcançar a condição de Espírito puro. Por isso que, no momento, a felicidade ainda não pode ser completa para nós, porque a nossa evolução ainda é incompleta.

Essa progressão do Espírito se dá paulatinamente, não se faz da noite para o dia. Por tal motivo, dentro da planificação divina, temos as vidas sucessivas, para nos aperfeiçoarmos progressivamente. Em cada experiência vivida, aprendemos algumas lições e esbarramos em outras. E voltamos em novas experiências, através das reencarnações sucessivas, para recapitular as lições não aprendidas e avançar em novos aprendizados.

As provas pelas quais passamos em nossa vida, em sua grande maioria, nada mais são do que as velhas lições não assimiladas, à espera de um melhor aproveitamento nosso. É assim que vamos evoluindo, como o aluno que, de degrau em degrau, vai sendo aprovado, até receber o diploma. Por isso, não adianta a revolta e lamentação diante dos testes que a vida nos apresenta. Imagine um aluno que, desejando ingressar na faculdade, acabe se revoltando contra o vestibular. Essa atitude, em momento algum, lhe trará benefícios! Se ele deseja ser aprovado, precisa estudar, precisa aprimorar seus conhecimentos, e tudo isso quer dizer trabalho que o conduzirá à meta desejada.

Assim é a nossa vida espiritual. Estamos num grande "vestibular" do nosso progresso espiritual. Assim, de nada adiantam o choro e a revolta com as provas da vida, porque, em cada problema, há um convite disfarçado ao nosso crescimento espiritual. E crescer dá trabalho! Mas não crescer dá sofrimento. O que é melhor?

Embora todos os Espíritos um dia venham a atingir a perfeição, essa marcha pode ser mais longa ou mais curta, mais suave ou mais penosa, dependendo do empenho que o Espírito faz para superar suas provas. Diante dos obstáculos que a vida nos apresenta, o Espírito que mais rapidamente os supera através do trabalho e do autoaperfeiçoamento, consciente de que está se promovendo espiritualmente, mais rapidamente também experimentará a ventura de dias felizes.

Já o Espírito que se revolta diante das provas, que não as aproveita como um trampolim do seu crescimento, optando por conservar-se indiferente, sem qualquer propósito de mudança, mais se distanciará da felicidade e mais envolto em dores permanecerá. O sofrimento funciona como um "abridor de latas" da nossa evolução; quando não nos abrimos voluntariamente ao progresso para o qual Deus está nos chamando através do enfrentamento positivo das nossas provas, o sofrimento nos força a largar a dor pelo trabalho de renovação interior.

É nessas horas que costumamos dizer: "Eu não aguento mais essa situação, eu preciso arrumar um jeito de lidar com meu filho, senão, a coisa vai piorar..."; "Eu preciso aprender a me controlar, senão..."; "Eu preciso ter mais paciência lá em casa, pois, do contrário, alguma coisa ruim ainda vai acontecer..."; "Eu preciso reciclar meus conhecimentos profissionais, senão, a qualquer hora, vou ser despedido..."; "Eu preciso cuidar melhor da minha saúde, senão, não sei o que vai me acontecer..."

Disse bem, portanto, Chico Xavier, que todos evoluem, mas a forma de evoluir é que diverge: suor ou lágrimas, a opção é nossa. Por isso, registro aqui o conselho espiritual do poeta Casimiro de Abreu:

> *Amigo, desperta e vive*
> *Na Terra, a vida é batalha*
> *Em que o maior vencedor*
> *É aquele que mais trabalha.*[70]

---

70 *Mensagens de Paz de Chico Xavier*, Editora Escala.

26
Nunca perdemos o valor

É FORÇOSO TE DESVENCILHES DE QUALQUER
PENSAMENTO DE DERROTISMO E INCONFORMIDADE.

EMMANUEL[71]

❖ ❖ ❖

Consta que um famoso conferencista iniciou seu seminário segurando nas mãos uma nota de R$ 100,00. Diante de 250 pessoas, ergueu a nota e perguntou:

— *Quem quer este dinheiro?*

Todas as mãos se ergueram. E ele prosseguiu dizendo:

— *Eu darei esta nota a um de vocês, mas, antes, observem o que farei com ela.*

---

71 *Mãos Unidas*, psicografia de Francisco Cândido Xavier, IDE.

Amassou bem a nota com as mãos e depois, erguendo-a novamente, toda amassada, tornou a perguntar:

– *E agora, quem ainda quer esta nota?*

Todas as mãos se levantaram novamente. O conferencista jogou a nota no chão, pisoteou-a e continuou mostrando-a ao público, perguntando se ainda a queriam. E todos continuavam levantando a mão. Diante disso, ele indagou:

– *Por que vocês ainda querem esta nota, mesmo estando ela toda amassada?*

– *Porque ela continua tendo o mesmo valor que tinha antes de ser amassada* – respondeu um senhor.

– *Muito bem!* – disse o palestrante. – *Uma salva de palmas para ele!* – E completou: – *Não importa o que eu faça com esta nota, todos nós ainda a queremos, pois ela não perde o valor. Isso também acontece conosco. Muitas vezes, em nossa vida, somos amassados, pisoteados pelas circunstâncias que se apresentam em nosso caminho, porém, jamais perdemos nosso valor e nossa condição de filhos de Deus.*[72]

Essa história nos faz ver que, a despeito de todos os fracassos que possamos ter experimentado,

---

[72] *Para que a minha vida se transforme 2*, Maria Salette e Wilma Ruggeri, Verus Editora.

nós não perdemos o nosso valor. Precisamos resgatar urgentemente essa ideia em nossa vida, porque ninguém chegará à vitória alimentando pensamentos de derrota. Invariavelmente, quem se imagina como derrotado acaba agindo como tal. Quem entra vencido na luta jamais sairá vencedor.

É possível que tenhamos experimentado algum tipo de fracasso em nossa vida, o que é muito natural, porque não somos espíritos prontos e acabados, estamos em fase de crescimento e aprendizado. Não sabendo tudo, não tendo todas as habilidades desenvolvidas (o que ainda nos custará tantas outras reencarnações), é mais do que previsível que o erro nos acompanhe ainda por muito tempo.

Quem se acomoda na ideia de fracasso ou derrota, provavelmente, se imagina imune a qualquer tipo de equívoco ou inabilidade. Não deixa de ser uma faceta de orgulho ferido diante da constatação de que não temos o tamanho que imaginávamos ter.

E orgulho se cura com humildade – humildade para reconhecer nossos limites e tentar superá-los com o esforço constante. Humildade para reconhecer que não é errado errar, mas que não nos convém permanecer no erro, tampouco desistir de continuar tentando até acertar, aprimorando-nos na experiência.

Emmanuel ainda aconselha que afastemos da nossa mente os pensamentos de inconformidade, isto é, de não nos conformarmos com os revezes que a vida nos impõe. A revolta em nada também nos ajudará a superar o obstáculo que está diante de nós, porque ela não aceita o que nos ocorreu. E só conseguimos mudar aquilo que aceitamos. A revolta é uma energia forte, porém uma energia que nos imobiliza diante do problema, o que significa que o problema continuará diante dos nossos olhos.

Vamos transformar a energia negativa da revolta em força positiva, para tomarmos as atitudes necessárias voltadas à resolução da situação que nos aflige. Solucionar um problema também implica emprego de energia. Então, vamos dar uma nova direção à energia tão forte que vem do inconformismo, canalizando-a para desobstruir o que hoje impede a nossa felicidade. Sem isso, nenhuma solução de Deus será possível para nós.

Proponho uma meditação que você deve realizar diariamente, até se ver livre dos sentimentos de derrota e inconformismo. Mas volte a ela sempre que precisar. Em um lugar calmo, sente-se confortavelmente em uma cadeira, apoie corretamente as costas e procure não ser incomodado nesses minutos. Respire, profunda e lentamente, três vezes seguidas. Sinta a presença de Deus ao seu redor. Visualize todo o seu ambiente banhado por uma luz suave e amorosa, que vem dos planos celestiais. Sentindo-se confiante no socorro que vem de Deus, vá repetindo as seguintes palavras, sentindo tudo o que elas representam. Fale com calma e pausando cada frase. Diga com confiança, como se você estivesse se banhando com cada frase que irá pronunciar:

O amor de Deus me envolve neste exato momento.
Sei que essa energia divina me preenche por inteiro.
Vou me sentindo como uma criança nos braços de Deus.
Sinto-me amparado e muito amado.
O amor de Deus me aceita como sou.
Deus me olha e me aprova.
Minhas quedas foram apenas inexperiências.
Meus erros foram apenas lições.
E nem por isso Deus deixou de me amar.
Aquelas lições já terminaram. Tudo já passou.
Agora, estou pronto para novas experiências.
O passado não tem mais força sobre mim.
Só o amor me governa e me orienta.
Hoje, começa uma nova vida para mim.
Deus me socorre neste momento.

*Eu sou a solução da felicidade que desejo.
Estou feliz, estou em paz, estou em Deus.
Assim seja!*

Fique por mais alguns segundos absorvendo toda a energia divina que o envolve no momento. Vá despertando aos poucos, mexa as mãos, os pés, espreguice. Tudo está bem com você. É só acreditar no seu próprio valor, que ninguém pode tirá-lo, a não ser que você permita.

27
Banco do céu

A PREOCUPAÇÃO COM OS BENS MATERIAIS É NATURAL, FAZ PARTE DA VIDA HUMANA. MAS O IMPORTANTE, O QUE DE FATO VALORIZA A VIDA, SÃO OS GESTOS QUE RENDEM JUROS E CORREÇÃO NA CONTA ABERTA EM NOME DE CADA UM DE NÓS NO BANCO DO CÉU.

IRMÃ DULCE[73]

❦ ✦ ✦ ✦ ❦

A maioria das pessoas tem uma conta corrente aberta em instituição financeira. Para Irmã Dulce, a religiosa da Bahia que realizou um notável trabalho de amor ao próximo, todos nós também temos uma conta corrente aberta no banco do Céu. Segundo Irmã Dulce, os investimentos

---
[73] *Cinco Minutos com Deus e Irmã Dulce,* Luzia Sena, Paulinas.

que fazemos nessa conta celestial é que dão valor à nossa vida aqui na Terra.

Isso se explica pelo simples fato de que os valores da conta corrente da Terra são transitórios e os valores da conta corrente do Céu são eternos. Qualquer investidor escolheria uma aplicação financeira que lhe rendesse dividendos permanentes e intermináveis. O patrimônio material é passageiro, muda de mão em mão com facilidade. Ele acaba aqui mesmo, na vida física, antes da nossa morte ou no exato instante dela.

Quando temos um problema financeiro ou um gasto qualquer, sacamos da conta corrente o dinheiro necessário para fazer suprir nossas necessidades. E para as nossas carências espirituais, de onde tiramos os recursos? Da conta aberta no banco do Céu. Mas o quanto temos investido nela? Na conta celestial se depositam perdão, caridade, amor, benevolência para com o próximo, sorrisos, abraços, alegria, amizade e tantas outras "moedas" que tornam a vida mais feliz, não apenas a nossa, mas também a vida daqueles que, de alguma forma, cruzam o nosso caminho. Invariavelmente, porém, nossa conta celestial está zerada por falta de investimentos, e nada teremos para sacar na hora em que alguma crise nos surpreender.

A nossa vida passa a ter valor quando vivemos de tal forma que a vida não é só boa para nós, mas também boa e agradável para os outros. Há um enorme contingente de pessoas que sentem um vazio interior, aparentemente inexplicável. O que facilmente se percebe é que elas não investiram no banco do Céu e, assim, tornaram suas vidas estéreis, inúteis para a comunidade onde vivem. Em nada contribuíram para a felicidade dos outros, embora dispusessem de recursos que ficaram trancafiados na esfera dos próprios interesses. A vida delas não foi capaz de "fecundar" a vida de outras pessoas, e isso dá uma sensação de inutilidade que lhes congela a alma.

Jesus afirmou que o maior de todos os homens seria aquele que mais servisse.[74] Portanto, o maior investimento no banco celestial é servir ao próximo, compartilhando os recursos que Deus nos deu em maior abundância. "Servir" é um dos verbos mais difíceis de conjugar em nossa vida, porque a maioria de nós ainda quer ser servido. Por isso, há tanto desamor na Terra, tantos conflitos, tantas doenças, tantos homens roubando, matando, caluniando, promovendo guerras. Amar é querer fazer o outro feliz, a essência do amor é servir.

---

74 Mateus 20, 27.

Certamente, é por isso que Gandhi escreveu esse pensamento: "Quem não vive para servir, não serve para viver." Quem não ama servindo se autocondena à inutilidade, ao vazio interior.

Sem querer fazer autopromoção, mas apenas para testemunhar a veracidade do que estou escrevendo, devo confessar que, em meus momentos de dificuldades e dores, a força que encontro para superá-los vem exatamente das pessoas que se dizem beneficiadas pelo singelo trabalho que realizo através dos livros, palestras e programas de rádio. Atualmente, a renda dos livros que escrevo ajuda a manter mais de quarenta mil pessoas necessitadas. Quando me sinto abatido por algum dissabor, é no rosto sofrido dessas pessoas que encontro forças de resistência para seguir a minha vida adiante. E digo para mim mesmo: "Eu não posso cair, porque essas pessoas dependem do meu modesto trabalho para terem uma vida mais digna." E, automaticamente, uma torrente de forças me invade para superar os problemas que me envolvem.

É também nas orações e nas palavras de incentivo que recebo das pessoas que se dizem tocadas por nossa mensagem que eu encontro combustível para caminhar com mais fé e esperança. Posso afirmar, com absoluta convicção, que eu mais tenho recebido do que propriamente dado. Descobri que, na conta celestial, Deus remunera cada depósito que realizamos de forma centuplicada. Por isso, vale registrar o conselho de Emmanuel: "Ante as crises da vida, não te revoltes. Serve. Toda migalha de amor está registrada na Lei, em favor de quem emite."[75]

Sempre me animei com esse pensamento de Richard Bach: "Quando começamos a vida, cada um de nós recebe um bloco de mármore e as ferramentas necessárias para transformá-lo em uma escultura. Podemos arrastá-lo intacto atrás de nós ou podemos lhe dar uma forma gloriosa."[76] Estou certo de que a felicidade surgirá em nossas vidas quando estivermos esculpindo o bloco de mármore, transformando-o na melhor escultura que estiver ao nosso alcance.

Algumas perguntas podem nos ajudar nessa busca por uma vida mais feliz:

1. Nossa vida é importante para alguém?
2. Para quantas pessoas? Apenas para nossa família?
3. Quantas pessoas estão torcendo para que acordemos todas as manhãs, desfrutando de saúde e paz?

---

75 *Mensagens de paz de Chico Xavier*, Editora Escala.
76 *201 Mensagens para Vencer*, Diana Lerner, V&R Editora.

Se nossas respostas não forem tão animadoras, a melhor coisa que temos a fazer é começarmos a ser importantes para os outros. Esse é o nosso verdadeiro sucesso na vida, ser importante para alguém! Todos temos ao menos algumas migalhas de amor. Basta deixarmos um sinal de alegria por onde passarmos.

28
Como superar os problemas

NÃO HÁ PROBLEMA QUE NÃO POSSA SER SUPERADO
COM ORAÇÃO, OBEDIÊNCIA E ESPÍRITO DE ALEGRIA.

FRANCISCO DE ASSIS[77]

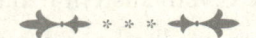

❖ ❖ ❖ ❖ ❖

Temos às mãos esta receita espiritual provinda de uma das almas mais iluminadas que pisaram o chão da Terra. São Francisco nos diz, em primeiro lugar, que não há problema que não possa ser superado. Tal afirmação nos enche de ânimo e esperança porque, não raro, nos vemos sem qualquer perspectiva positiva diante das dificuldades que nos envolvem e cremos que nada

---
[77] *São Francisco de Assis*, Mary Emmanuel Alves, Paulinas.

mais nos resta a fazer, senão esperar pelo pior. São Francisco, porém, nos ensina a esperar pelo melhor, isto é, acreditar que todo desafio pode ser superado.

Mas não se trata de uma espera passiva, ou seja, de uma espera que não exija de nós um esforço de autossuperação. O socorro de Deus vem quando o homem começa a socorrer a si mesmo. E de que maneira nós podemos fazer isso? São Francisco estabelece as três condições: 1) oração; 2) obediência e 3) espírito de alegria.

Sobre a oração, Allan Kardec escreveu coisas muito importantes:

> "Pela prece, o homem atrai o concurso dos Bons Espíritos, que o vêm sustentar nas suas boas resoluções e inspirar-lhe bons pensamentos. Ele adquire assim a força moral necessária para vencer as dificuldades e voltar ao caminho reto, quando dele se afastou; e assim poderá desviar de si os males que atrairia pelas suas próprias faltas."[78]

Isso não é formidável?

A respeito da obediência, estamos certos de que São Francisco está se referindo ao acato às Leis Divinas estabelecidas por Deus para a nossa felicidade. É de fundamental importância conhecer as

---
78 *O Evangelho Segundo o Espiritismo*, Edições FEESP.

leis espirituais que regem o nosso destino, pois, a partir disso, vamos nos movendo de acordo com o que nos favorece e nos afastando daquilo que nos prejudica. São essas Leis que indicam o que devemos fazer ou não fazer, e somos infelizes quando nos afastamos delas.[79]

Quando uma pessoa transgride uma lei terrena, ela sofre sanções que vão de multas, indenizações até a privação da própria liberdade. Da mesma forma, quando não observamos as Leis Divinas, sofremos o embargo de problemas que somente desaparecerão quando nos harmonizarmos com a Justiça Cósmica, pelas vias do amor e da caridade.

Como conhecer, então, essas Leis, já que são tão importantes para nós? Teríamos que ler todos os textos sagrados para descobri-las? Paulo, o Apóstolo, nos apresenta um caminho mais fácil: "Pois toda a Lei é cumprida em uma palavra, a saber: *Amarás o teu próximo como a ti mesmo.*"[80] Vamos pensar nisso: o cumprimento de toda a Lei se resume em um único mandamento: Ame! Ame a si mesmo, ame ao seu próximo, ame a Deus.

Refletindo sobre a proposta da obediência formulada por São Francisco, chegamos à conclusão de que ele nos pede para sermos obedientes ao

---
79 *O Livro dos Espíritos*, Allan Kardec, questão n. 614.
80 Gálatas 5, 14.

amor, e essa postura nos ajudará a solucionar todos os nossos problemas. Na maioria das vezes, somos obedientes ao egoísmo, ao ódio, à mágoa, ao pessimismo, à revolta e à indiferença, o que explica a existência de tantos problemas em nossa vida. Por que não, a partir de agora, obedecermos ao amor? Muitos milagres surgirão em nossa vida a partir de então!

E, finalmente, São Francisco fala da importância da alegria para superarmos os nossos desafios. Amiúde, em meio a crises e aflições, perdemos a alegria de viver, e, com isso a tensão e a preocupação tomam vulto e nos dominam, abatendo nossas forças. A fonte da alegria, porém, está na certeza de que somos amados por Deus e de que não estamos sendo punidos somente pelo fato de estarmos atravessando um mar de turbulências. O momento difícil é uma prova através da qual estamos sendo convidados a reavaliar o rumo perigoso que o barco de nossa vida tomou, para reajustar a rota.

E, com alegria, a confiança aumenta, a tensão diminui e a turbulência passa mais rápido. Não espere que lhe aconteça algo de bom para que a alegria reapareça. Alegre-se, simplesmente, pelo fato de você estar vivo, de ser filho de um Deus amoroso e de ter em suas mãos o controle do seu destino. É a partir dessa alegria que as coisas boas começam a acontecer. Além do mais, o fato de sabermos que o mal é passageiro e que só o bem é eterno já são bons motivos para recuperarmos a alegria, não acha? Por isso, eu fico com o Vinícius de Moraes:

É melhor ser alegre que ser triste
Alegria é a melhor coisa que existe
É assim como a luz no coração.[81]

---

81 Samba da Bênção.

29
Reatar o relacionamento com Deus

VEJA BEM, A CURA MAIS PROFUNDA DE QUE TODAS
AS PESSOAS NA TERRA PRECISAM NÃO É FÍSICA OU
EMOCIONAL, MAS ESPIRITUAL, E ENVOLVE REATAR UM
RELACIONAMENTO ROMPIDO COM UM DEUS AMOROSO.
ISSO É ALGO QUE SÓ DEUS PODE FAZER.
ALGO ENTRE VOCÊ E ELE.

ALEXANDER LOYD E BEN JOHNSON[82]

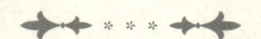

❖❖ ✳✳✳ ❖❖

A nossa relação com Deus é a raiz mais profunda da árvore da nossa vida. Se nos mantemos ligados à raiz, absorvemos dela os nutrientes necessários para que nossa árvore cresça e se desenvolva saudavelmente. Se, do contrário, a ligação com a raiz se deteriora, a árvore adoece, os galhos secam, as folhas caem e ela não dará nem flores nem frutos.

---

[82] *O Código da Cura*, Best Seller.

É possível que nossa relação com Deus esteja deteriorada ou, até mesmo, rompida. Várias razões podem ter contribuído para isso, mas quero me fixar rapidamente em apenas uma, a meu ver, a principal delas. Eu tendo a me afastar de uma relação afetiva, ou não me envolvo muito com ela, quando sinto, ao longo do tempo, que não recebo atenção e amor da pessoa com quem me relaciono. Isso pode também estar ocorrendo em nosso relacionamento com Deus, o que precisa ser urgentemente curado.

É provável que a imagem de um Deus distante, punitivo e vingador tenha feito com que rompêssemos nossa relação com Ele ou que nos distanciássemos de tal forma que, praticamente, é como se Ele não existisse para nós. Esse rompimento ou distância de Deus acarreta grandes prejuízos para nós, pois nos desligamos da única fonte capaz de nos amar eterna e incondicionalmente. Daí surge a carência de amor, que tanto nos prejudica e que dá margem aos sentimentos de medo e insegurança, onde quase todos os nossos problemas físicos e emocionais têm início.

Jesus nos apresentou belíssimas imagens a respeito de um Deus Amoroso, corrigindo distorções que os próprios homens fizeram ao criarem um deus irado, ciumento e violento, assemelhando-se a um deus que inspira mais temor do que amor. Jesus fala de um Deus que é Pai,[83] de um Deus que sabe do que precisamos antes mesmo de lhe pedirmos algo,[84] de um Deus que compreende os nossos erros[85], que cuida das nossas necessidades,[86] que tem compaixão de nós e que nos abraça e nos beija quando voltamos a face para Ele.[87]

Precisamos fazer as pazes com Deus, reatando essa relação, que pode ter esfriado ou rompido por acharmos que Deus não gosta de nós por algo de errado que fizemos. Deus nos ama pelo que somos, independentemente do que fazemos. É claro que o Pai se alegra quando vê o filho feliz e crescendo, mas Ele não o ama menos quando o filho se distancia e se equivoca. Ao contrário, Ele fica torcendo para que o filho volte logo aos seus braços amorosos, a fim de cuidar de suas feridas, de suas dores, do seu cansaço.

Isso pode acontecer agora mesmo, se assim desejarmos. Deixemos a vergonha e a culpa de lado! Deus se importa mais conosco do que com as nossas falhas, pois Ele sabe que hoje poderemos acertar onde ontem nos enganamos. Ele só quer

---

83 Mateus 6, 9
84 Mateus 6, 8.
85 Mateus 6, 14
86 Mateus 6, 25-36
87 Lucas 15, 18-20

receber cada um de nós em seus braços amorosos. Não tenhamos medo de voltar! Não encontraremos censuras, punições ou discursos sobre nossos desacertos.

Na parábola do filho pródigo,[88] Jesus demonstra a face amorosa de Deus, simbolizado na figura daquele pai que, a pedido do filho, antecipa-lhe a herança e o filho, então, sai pelo mundo levando uma vida desregrada. Quando esse filho gasta tudo, quando a fome e a miséria passam a envolvê-lo, ele resolve voltar para a casa do pai, arrependido. Ao se aproximar da casa, o pai avista o filho de longe e, tomado de grande compaixão, corre ao encontro dele, e o abraça e beija!

Vejamos como Jesus nos fala sobre Deus. É um Pai amoroso, que corre ao nosso encontro quando tomamos a iniciativa de procurá-Lo, um Pai que nos abraça e beija, mesmo que estejamos feridos pelo fracasso, pela doença, pela vergonha e pela culpa, um Pai que manda realizar uma grande festa em comemoração ao filho que voltou para casa.

Será que não é hora de regressarmos para a casa de nosso Pai? Não tenhamos medo de voltar! Uma grande festa está nos aguardando, uma grande cura está nos esperando.

---

88 Lucas 15, 11-32

30
Velho boiadeiro

> EM QUALQUER SITUAÇÃO, PRECISAMOS TER CALMA. AS LEIS DIVINAS AGEM EM NOSSO BENEFÍCIO. NINGUÉM NECESSITA SE AFLIGIR EM SUA PRÓPRIA DEFESA. AS NOSSAS ATITUDES, MAIS CEDO OU MAIS TARDE, FALARÃO POR NÓS. AS REAÇÕES FÍSICAS ADVERSAS NOS ENSINAM A CONTROLAR NOSSAS REAÇÕES EMOCIONAIS. NÃO PODEMOS DEIXAR QUE A CÓLERA, A IRRITAÇÃO SISTEMÁTICA, NOS DESCONTROLE A SAÚDE.
>
> CHICO XAVIER[89]

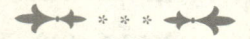

Quando as adversidades surgem para nós, tendemos a nos inclinar para estados emocionais negativos que, além de prejudicarem a saúde, tiram-nos o equilíbrio necessário à resolução do problema, agravando a própria situação, ao invés de equacioná-la. É preciso interromper o quanto antes esse circuito perigoso.

---

[89] *O Evangelho de Chico Xavier,* Carlos A. Baccelli, Editora DIDIER.

Quando recebemos o impacto de uma notícia que nos traz preocupação íntima, procuremos nos afastar imediatamente do desespero e da aflição, que em nada contribuem de positivo para a solução de qualquer dificuldade. Nessas horas difíceis, Chico Xavier aconselha a usarmos o remédio da calma. Calma para raciocinar. Calma para falar. Calma para agir. Não deixe o desespero empurrar você na ladeira de problemas ainda maiores. Assuma o controle da situação usando os freios da calma.

Talvez você esteja se perguntando (eu também me perguntei várias vezes): Como ter calma numa hora dessas? Chico Xavier deu a chave do entendimento. Mesmo diante do obstáculo mais difícil, as Leis Divinas estão agindo em nosso benefício. Recordemos as sábias palavras do Apóstolo Paulo: "Sabemos que tudo contribui para o bem daqueles que amam a Deus."[90]

Deus sempre age em nosso benefício, nunca em nosso prejuízo. Mesmo diante de uma grande perda financeira, de uma doença grave ou de um preocupante problema familiar, Deus usa esses "terremotos" para sacudir a nossa vida, porém sempre com o objetivo de melhorá-la.

---

90 Romanos 8, 28.

Quando nos tornamos espíritos endurecidos ou demasiadamente apáticos, fechados a qualquer possibilidade de renovação, as Leis Divinas fazem tremer o nosso chão, a fim de que possamos sair do terreno perigoso onde nos encontramos, buscando a terra firme do nosso progresso espiritual que havíamos abandonado.

Deus não quer nos destruir quando surgem os empecilhos; Ele apenas almeja nos levar a uma situação mais benéfica do que aquela que estamos vivendo. Portanto, na hora em que os problemas fizerem a terra de nossa vida tremer, vamos usar da calma que nasce da confiança de que estamos sendo resgatados pelo amor de Deus a um modo de vida mais feliz. O verdadeiro problema não é o terremoto, mas o lugar perigoso onde nos encontrávamos antes dele.

A calma não é uma virtude que vem de fora para dentro. Ela é construída dentro de nós, a partir da constatação de que, em qualquer circunstância, as Leis Divinas estão agindo em nosso benefício. Ninguém precisa se afligir, como ensina Chico Xavier. Então, no meio do furacão de problemas, temos de falar para nós mesmos: "Calma, tudo vai acabar bem, tudo vai dar certo."

Com convicção, repitamos isso várias vezes quando alguma crise surgir, sentindo cada palavra tocar o nosso corpo, como se fosse um tranquilizante. Tenhamos a certeza de que palavras também são remédios poderosos quando ditas com a força da nossa mente.

Na bela canção "Tocando em frente", Almir Sater fala que é preciso chuva para florir, que é preciso conhecer o sabor das massas e das maçãs, como a nos dizer que, na vida, temos que experimentar a alegria e a tristeza, a saúde e a doença, os dias ensolarados e os dias chuvosos, a fartura e a escassez. Todas essas experiências formam a argamassa da felicidade, assim como a terra, para ser fértil, precisa de água, sol, chuva e esterco.

Aprendemos também com a canção que a melhor maneira de não nos desequilibrarmos nas adversidades é conduzir a nossa jornada como um velho boiadeiro que vai tocando a sua boiada pela longa estrada, naquele compasso que mistura calma e movimento, tocando a vida em frente, sem aflição. O boiadeiro sabe que há trechos da estrada que são mais perigosos e que pedem a marcha lenta, cuidadosa. Ele sabe também que, às vezes, é preciso parar, pois o gado precisa descansar e pastar.

O boiadeiro está no controle da situação, ele tem a calma que nasce da certeza de que, apesar das dificuldades do caminho, ele conduzirá a boiada ao seu destino. Por isso é que a pessoa sem calma é descontrolada, isto é, grita, chora, berra, desespera, e se comportando assim não consegue agir de modo eficiente. Como consequência do seu descontrole, ela acaba por se afogar nos próprios problemas, aumentando a própria infelicidade.

Estou convencido de que não há felicidade real sem calma. É o que também afirma Martha Medeiros:

> "Felicidade é calma. Consciência. É ter talento para aturar o inevitável, é tirar algum proveito do imprevisto, é ficar debochadamente assombrado consigo próprio: como é que eu me meti nessa, como é que foi acontecer comigo? Pois é, são os efeitos colaterais de se estar vivo."[91]

E isso não é bom demais?

---

[91] *Feliz por Nada*, L&PM Pocket.

31
Nascidos para vencer

NINGUÉM RENASCE, NO MUNDO FÍSICO, PARA SOFRER,
SENÃO PARA REEDUCAR-SE, PARA RECUPERAR-SE DOS
DELITOS INFELIZES, PARA CRESCER NA DIREÇÃO DE DEUS.

JOANNA DE ÂNGELIS[92]

❖ ❖ ❖

Nossa vinda ao planeta Terra é feita com base numa programação para o êxito, para a vitória. Ainda que o sofrimento seja uma realidade que não se pode negar e atinja a todos nós, a finalidade da vida não é sofrer. As situações dolorosas que todos experimentam não se constituem em finalidade da existência, mas, apenas, num mecanismo divino de advertência para correção

---

92 *Jesus e Vida*, psicografia de Divaldo Franco, LEAL.

de caminho quando nos distanciamos da rota de felicidade que Deus traçou para todos nós.

A lição espiritual ensina que temos três grandes objetivos em nossa passagem pela Terra: 1) reeducação; 2) recuperação e 3) crescimento interior. Invertendo um pouco a ordem acima exposta, poderíamos rapidamente resumir dizendo que: a) nascemos para nos recuperar dos erros cometidos em existências passadas; b) essa recuperação se fará pela reeducação dos nossos sentimentos e c) a realização das etapas anteriores, automaticamente, nos fará crescer na direção de Deus.

Os problemas que hoje nos cercam estão localizados nas áreas em que precisamos realizar o processo a que acima nos referimos (recuperação + reeducação + crescimento). Vamos exemplificar: Imaginemos que temos problemas de relacionamento com um filho. Sentimos que ele tem uma inexplicável aversão por nós, que ele não gosta da nossa presença, irrita-se conosco facilmente, gosta de nos contrariar e não faz questão alguma de ser agradável conosco. Não encontrando nenhuma causa nesta vida que justifique tal situação, é quase certo que a causa esteja numa outra existência, numa outra experiência que tivemos com ele, na qual, provavelmente, o prejudicamos de alguma forma.

Imaginemos, também, que, terminada aquela experiência, ficaram ainda marcas dolorosas no espírito dele, marcas que causamos com atitudes egoístas e orgulhosas. No mundo espiritual, onde nos encontramos depois da morte, ele está infeliz, porque tem mágoas nossas e nós também não estamos felizes pelo mal que lhe fizemos. Como Deus é bom e misericordioso, nossa volta ao planeta é programada para que essa desarmonia seja superada. E é possível supor que nós voltemos na condição de pais e ele, na condição de filho nosso.

Nós não nos lembraremos do que ocorreu. Mas a animosidade de hoje nos permite deduzir que não fomos aprovados na experiência anterior com ele e, agora, estamos em regime de recuperação espiritual. E faremos isso reeducando os nossos sentimentos. Se ontem fomos egoístas, hoje nos reeducamos para sermos mais amorosos. Se ontem fomos orgulhosos, hoje nos reeducamos para sermos mais humildes. Se ontem fomos agressivos, hoje nos reeducamos para sermos mais pacíficos. Se ontem estivemos muito distantes, hoje nos reeducamos para sermos mais próximos.

Aquele comportamento que o filho reclama de nós, muitas vezes, é o comportamento que não tivemos com ele ontem. O sentimento que faltou no passado é o sentimento que a situação provocional de hoje está nos exigindo ter. E, assim agindo, isto é, reeducando-nos, estaremos crescendo na direção de Deus, o que significa, em ultima análise, crescer na direção do amor que nos faz felizes.

Quantas vezes o problema é o próprio socorro que Deus nos dá para nos livrar de um mal maior? A cirrose, por exemplo, não seria um socorro em forma de enfermidade, através da qual Deus está ajudando o alcoólatra a deixar o vício? Como vimos, não estamos na Terra para sofrer, mas, sim, para nos reeducar. Então, a cirrose não é um castigo, e, sim, uma professora que está ensinando o alcoólatra a se reeducar, a aprender a ter controle sobre seus instintos, a amar a si mesmo, aprendizados que ele, voluntariamente, não desejou fazer.

Em sã consciência, ninguém gostaria de passar por uma experiência dolorosa para chegar a resultados positivos, mas é assim que muitas vezes acontece, porque, via de regra, o sofrimento ainda tem um "poder de convencimento" maior do que todos os bons conselhos que recebemos de pais, amigos, livros ou nos templos religiosos. Por isso, problemas são mestres disfarçados e muito especiais, porque trazem situações práticas ligadas às nossas necessidades de crescimento.

Sendo o problema um mestre, é fácil concluir que ele somente nos deixará quando aprendermos a lição que ele nos trouxe. Para facilitar esse processo teórico e prático, apresento esses conselhos valiosos de Elaine Harrison,[93] os quais devem ser praticados desde já:

1. Aceite a responsabilidade por sua vida. Quando você aceita a responsabilidade por sua vida como ela está agora, então, aceita a possibilidade de mudança.
2. Passe alguns momentos refletindo sobre onde você se encontra na vida agora e reconheça como tudo está, "como está" devido a suas escolhas/decisões/ações.
3. Selecione uma coisa em sua mente com o que não se sente feliz e aceite sua participação na criação disso. Isso pode parecer um pouco difícil se você acha que circunstâncias/pessoas/trabalho moldaram sua vida de uma certa forma, mas, se conseguir, de fato, aceitar que você escolheu permanecer nesta/neste circunstância/relacionamento/trabalho, então começará a recuperar seu poder.

É hora, então, de mudarmos o slogan da nossa vida. Nada de "nascidos para sofrer". Agora é hora de "nascidos para vencer"!

---

93 *Hoje é o dia que irá mudar sua vida*, M. Books

32
Desfazendo nós

> SE NÓS NÃO PERDOAMOS, OCORRE UM NÓ FÍSICO, PSÍQUICO, ESPIRITUAL. TODOS OS NOSSOS CORPOS FICAM MISTURADOS. ENQUANTO HOUVER ESTE NÓ, A VIDA NÃO PODE CIRCULAR, O AMOR NÃO PODE CIRCULAR. É POR ISSO QUE O ATO DE PERDÃO É UM ATO DE CURA.
>
> JEAN-YVES LELOUP[94]

❖❖ ✱✱✱ ❖❖

Alan Cohen narra o seguinte caso.[95] Caroline era uma massagista terapêutica que trabalhava num hospital. Um dia, foi incumbida de massagear uma mulher em estado avançado de câncer. Caroline foi informada de que a Sra. Hansen só teria algumas semanas de vida.

---
94 *Livro das Bem-Aventuranças e do Pai-Nosso*, Vozes.
95 *Ouse ser você mesmo*, Alan Cohen, Cultrix.

Quando começou a tratar de sua paciente, Caroline perguntou à Sra. Hansen como ia sua vida. A terapeuta sabia que sempre existe uma ligação entre o que está acontecendo em nosso mundo interno e os sintomas que manifestamos. Como sabia também que existe uma relação entre câncer e ressentimento, Caroline perguntou à Sra. Hansen se não havia alguém contra quem ela alimentasse um grande ressentimento.

– Minha irmã e eu não nos falamos há vinte anos – respondeu a Sra. Hansen.

– Discutimos um dia, num casamento, e, desde então, estamos brigadas.

– Fale mais a respeito – convidou Caroline.

Diante dessa abertura, a Sra. Hansen começou a contar para a terapeuta toda a dor que suportara por tantos e tantos anos. Ela não queria ter ficado com raiva da irmã esse tempo todo. Na verdade ela a amava, mas era muito difícil abrir mão da mágoa que sentia. Enquanto a paciente falava, sua voz foi ficando cada vez mais trêmula, até que as lágrimas começaram a rolar. Aquelas lágrimas, como manifestação do ressentimento recolhido e contido pela perda do amor que aquela mulher sofrera, cederam espaço para um choro convulsivo, e ela chorou intensamente no ombro de Caroline. Esta sabia o quanto era importante para a

Sra. Hansen soltar seu sofrimento e sua amargura, e, de bom grado, deu à paciente todo o tempo e apoio de que ela tanto necessitava. Depois, ela parou de chorar e agradeceu a Caroline pelo seu interesse e afeto.

Foi quando o técnico em raios X chegou para levar a paciente para fazer exames. As duas mulheres se despediram carinhosamente. Caroline observou que sua paciente aparentava uma tranquilidade bem maior do que ostentava no início do contato.

Uns dias depois, Caroline estava no mesmo andar em que tinha atendido a Sra. Hansen e decidiu ir visitá-la. Para a sua surpresa, ela estava vestida, maquiada e arrumando a mala.

– Mas o que aconteceu com a senhora? – perguntou Caroline.

– Minha querida, é um milagre! – respondeu a Sra. Hansen animada. – Quando me levaram para tirar os raios X, não encontraram nenhum vestígio de câncer no meu corpo. Os médicos ficaram embasbacados, pois, no dia anterior, meu corpo estava tomado pela doença. Repetiram os exames e me disseram que está tudo bem comigo por dentro. Estão me mandando de volta para casa!

Caroline sorriu, abraçou a Sra. Hansen e chorou também um pouquinho. No seu íntimo, agradecia a Deus. Ela sabia que o amor e o amargor não moram sob o mesmo teto. Quando a Sra. Hansen abriu mão de seu ressentimento, a doença foi embora junto.

Não seria exagero afirmar que a falta de perdão está na raiz de quase todos os problemas. Quando o perdão se ausenta, um nó bem apertado surge em nossa vida, um nó que impede a circulação das energias essenciais ao nosso desenvolvimento material, emocional e espiritual. Imagine uma artéria do coração obstruindo totalmente a passagem do sangue. A hemorragia será a consequência inevitável, e, com ela, provavelmente, um infarto, que pode ser fatal. Quando não perdoamos, obstruímos a passagem do amor divino pelas artérias da nossa vida, com todas as consequências nefastas que um fato dessa ordem pode causar, tal como ocorreu com a Sra. Hansen.

Perdoar é desfazer o nó que está impedindo nossa vida de florescer. Sentimentos como ódio, rancor, revolta, mágoa e raiva são como barreiras que impedem a circulação da energia divina em nossa vida. Quem prefere respirar no clima da eterna discórdia não é capaz de captar as vibrações que fluem da mente de Deus. Quem se recusa a perdoar vibra em frequência oposta à Mente Divina, portanto, não consegue sintonizar as bênções espirituais, dando ensejo ao surgimento de variados problemas físicos, emocionais e espirituais, que a prática do perdão teria evitado.

É por isso que, a cada dia mais, médicos e psicólogos afirmam que perdoar é um ato de cura, porque perdoar retira a carga pesada e inútil que a pessoa ressentida está carregando, permitindo que o fluxo natural da vida se restabeleça. Jack Kornfield escreveu, com muito acerto, que perdoar significa desistir de toda esperança de um passado melhor.[96] Perdoar é deixar que a vida volte a fluir em nós livre de qualquer nó que tire a paz de nosso coração.

Curar é soltar, é abrir mão do orgulho, é não querer estar com a razão em todos os momentos, é aceitar a imperfeição de tudo e de todos, inclusive a nossa. Curar é se livrar de tudo o que nos prende e sufoca, é soltar tudo que aperta, é devolver a vida de novo para nós. Para facilitar o nosso trabalho com o perdão, apresento um excelente roteiro proposto por Alan Cohen:[97]

1. Faça uma lista das mágoas e ressentimentos que você guarda. Ao lado de cada item, registre há quanto tempo você carrega esse sentimento.

---

96 *A Arte do Perdão, da Ternura e da Paz*, Cultrix.
97 *Ouse ser você mesmo*, Alan Cohen, Cultrix.

2. Que preço você paga cada vez que se nega a dar amor?
3. Você teria vontade de deixar de lado alguma dessas mágoas, ou todas elas? Neste caso, escreva sua declaração de perdão ao lado daquelas que você quer superar.

A vida se transforma quando o nosso coração se abre ao perdão!

33
Cuidar da fonte da vida

GUARDA O TEU CORAÇÃO ACIMA DE TUDO,
PORQUE DELE PROVÉM A VIDA.

PROVÉRBIO DE SALOMÃO [98]

❖ ❖ ❖

As doenças que mais fazem vítimas no mundo são as doenças do coração. A Bíblia nos faz pensar que, ao lado do coração como órgão importante do corpo físico, temos uma espécie de "coração emocional", o qual também pode adoecer e comprometer nossa vida.

A função primordial do coração físico é bombear o sangue oxigenado para todo o corpo. Se

---

[98] Provérbios 4, 23.

o coração parar de trabalhar, a falta de oxigênio levará o indivíduo à morte. A tarefa do coração emocional é semelhante, isto é, ele desempenha o papel de oxigenar nossa alma com os recursos necessários a uma vida de alegria, beleza e paz. Qualquer comprometimento no coração emocional afetará o nosso abastecimento energético em quantidade e qualidade, causando-nos sérios problemas.

O espírito abatido é a fonte de quase todos os nossos problemas. Por tal razão é que Salomão, com sua imensa sabedoria, manda-nos guardar o coração acima de tudo, isto é, acima de todos os problemas, acima de tudo aquilo que pode afetá-lo, porque dele provém a vida. O coração emocional é a fonte que não pode ser contaminada pelos sentimentos doentios. Quando a fonte é afetada por emoções tóxicas, toda a nossa vida física, emocional e espiritual é também atingida.

É preciso guardar o coração emocional com o mesmo cuidado com que guardamos o nosso coração físico. "Guardar" é proteger, é não deixar que o ódio fique conosco, que a mágoa nos faça permanente companhia, que o melindre nos acompanhe nos episódios do cotidiano. É preciso blindar o coração emocional contra o ataque das emoções capazes de contaminar a fonte incumbida de levar a água da alegria, da felicidade e do prazer em nossa vida. Não nos esqueçamos de que vamos ter de beber dessa água impura, suja e doentia. Não guardemos em nós o que sabidamente nos faz mal!

Uma forma bastante eficaz de proteger o nosso coração é seguirmos esses dois conselhos de Don Miguel Ruiz:[99]

1. **Não leve nada para o lado pessoal.** Quando as pessoas falam a nosso respeito, na verdade elas estão falando delas mesmas. Se elas estão felizes, vão dizer que somos maravilhosos. Mas, se estão zangadas, irão dizer que somos intragáveis. A forma como elas veem o mundo vai definir o que dirão sobre nós, por isso, não podemos colocar o nosso coração nas mãos de quem sequer está sabendo viver bem consigo mesmo.

2. **Não tire conclusões.** Geralmente as nossas conclusões são precipitadas, sem elementos seguros de convicção. Entendemos as coisas de forma indevida, levamos para o lado pessoal, fantasiamos e criamos histórias dramáticas a partir do nada, e com isso estamos contaminando a fonte do nosso co-

---

[99] *Os Quatro Compromissos, O Livro da Filosofia Tolteca*, Editora Best Seller.

ração. Don Miguel sugere uma forma de se evitar conclusões: faça perguntas. "Se você não compreende, pergunte." Pergunte até saber a verdade – aí, não precisará mais tirar conclusões.

Vamos lembrar todos os dias: o coração é a fonte da vida, mantê-lo saudável é a solução para todos os nossos problemas. Quando o coração está bem, a vida vai melhor ainda. Ajudará muito se conseguirmos ter aquele "coração de estudante", que o Milton Nascimento soube tão bem expressar:

Coração de estudante
Há que se cuidar da vida
Há que se cuidar do mundo
Tomar conta da amizade
Alegria e muito sonho
Espalhados no caminho
Verdes, planta e sentimento
Folhas, coração,
Juventude e fé.[100]

---

100 Trecho da canção *Coração de Estudante*, composição de Milton Nascimento e Wagner Tiso.

34
O que de fato é importante?

>EU VEJO CADA PROBLEMA DE SAÚDE
>QUE VIVI COMO UMA AULA DO QUE É VERDADEIRO E
>FUNDAMENTALMENTE IMPORTANTE EM RELAÇÃO À VIDA.
>
>LEE JAMPOLSKY[101]

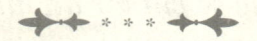

❖❖ ✦✦✦ ❖❖

Quando os problemas surgem em nossa vida, muitas vezes temos a impressão de que estamos sendo punidos por Deus. Outras vezes, oramos pedindo ajuda e a situação não muda, o que nos leva a pensar que Deus se esqueceu de nós.

Essas ideias, porém, precisam ser reformuladas. Na carta escrita pelo Apóstolo João, está dito que Deus é Amor.[102] Certamente, é a definição mais

---

101 *Como Dizer Sim quando o Corpo diz Não*, Magnitude.
102 João 4, 8.

sintética de Deus, no entanto, é a definição que, a meu ver, mais se aproxima da natureza de Deus. Sendo Ele o amor perfeito, impossível acreditar que o Pai se utilize de métodos punitivos para corrigir seus filhos. Quem ama não castiga, não violenta, mas educa.

Nessa ótica, os problemas, em geral, não são punições celestiais aos nossos erros. São aulas integrantes do programa educativo que estamos cursando no planeta Terra, de acordo com as nossas necessidades evolutivas. Nesse programa, temos disciplinas novas e disciplinas já cursadas, nas quais não obtivemos aprovação. Através das aulas da vida, as quais se apresentam em forma de obstáculos dos mais variados, estamos aprendendo novos valores e reavaliando posturas que estão nos fazendo sofrer, porque nos deixam à margem do caminho da felicidade.

O Dr. Lee Jampolsky, notável psicólogo americano, tem muito clara essa ideia, ao afirmar que encara seus problemas de saúde como aulas nas quais avalia o que realmente é verdadeiro e importante em sua vida. De fato, num leito de hospital, com a saúde em crise, algumas coisas que eram importantes antes da enfermidade passam a não ter nenhuma importância para nós. Na verdade, elas já não eram verdadeiramente importantes, mas nós atribuíamos a elas uma importância que não tinham e somente a enfermidade nos faz enxergar isso.

Que importância tem, por exemplo, um rancor que trazemos no peito, quando o médico nos diz que estamos entre a vida e a morte, com as artérias obstruídas? Creio que você responderá que nenhuma, como eu. Então, a doença coronária não seria uma aula de perdão, de desobstrução das nossas emoções tóxicas, de valorização da própria vida?

Muitas vezes custa-nos entender que o sentido da nossa vida não está no que possuímos, mas em como vivemos. No final de uma existência física, sentindo a proximidade da morte, dificilmente vamos encontrar pessoas arrependidas dos investimentos financeiros que deixaram de fazer, dos imóveis que não adquiriram. Tampouco vamos encontrar pessoas felizes porque acabaram de receber um presente valioso. E do que tais pessoas se ressentem na hora da partida? A cuidadora de pacientes terminais, Bronnie Ware, escreveu um interessante livro a respeito do assunto, e identificou os cinco lamentos mais frequentes de pessoas diante da morte.[103] Vou relacioná-los a seguir,

---

103 *Antes de partir*, Jardim dos Livros.

a fim de que possamos mudar as prioridades de nossa vida enquanto há tempo.

Lamento 1. *Desejaria ter tido a coragem de viver uma vida verdadeira para mim mesma, não a vida que os outros esperavam de mim.*

Lamento 2. *Desejaria não ter trabalhado tanto.*

Lamento 3. *Desejaria ter tido a coragem de expressar meus sentimentos.*

Lamento 4. *Desejaria ter ficado em contato com meus amigos.*

Lamento 5. *Desejaria ter-me permitido ser mais feliz.*

Qual seria o nosso lamento se hoje fosse o último dia de nossa vida? A pergunta que faço tem como único propósito despertar as mudanças que ainda podemos fazer. Vivamos de tal forma a partir de agora, que nenhum lamento nos surpreenda na hora de partir, e que apenas o riso, o amor e a gratidão fiquem estampados em nosso rosto.

35
Olhe para o seu dedão

> EXAMINAI O QUE PODEIS TER FEITO CONTRA DEUS, DEPOIS CONTRA VOSSO PRÓXIMO E, POR FIM, CONTRA VÓS MESMOS. AS RESPOSTAS SERÃO UM REPOUSO PARA VOSSA CONSCIÊNCIA OU A INDICAÇÃO DE UM MAL QUE É PRECISO CURAR. O CONHECIMENTO DE SI MESMO É, PORTANTO, A CHAVE DO MELHORAMENTO INDIVIDUAL.
>
> SANTO AGOSTINHO[104]

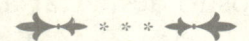

Conta-se que, um dia, Buda estava em meio a uma das preleções que fazia todas as manhãs, quando o rei chegou para ouvi-lo. Ele ficou sentado bem na frente do Buda, mexendo o tempo todo o dedão do pé. Buda, então, parou de falar e olhou para o dedão do rei. Quando ele olhou para o dedão, o rei, obviamente, parou de mexê-lo. Buda

---

[104] *O Livro dos Espíritos*, Allan Kardec.

voltou a falar, e o rei recomeçou a mexer o dedão. Buda perguntou então ao rei:

– Por que está fazendo isso?

O rei disse:

– Só quando você para de falar e olha para o meu dedão é que eu me dou conta do que estou fazendo; se você não olhar, eu não percebo.

O Buda respondeu:

– Esse é o seu dedão e você nem se dá conta dele... Quer dizer então que você pode até matar alguém e nem se dar conta disso![105]

Estou convicto de que a maioria das pessoas se parece com esse rei, pois também não conhece a si mesma, sequer se dá conta quando o dedão do pé está mexendo. Privilegiamos os acontecimentos do mundo de fora, não dando a atenção devida ao que está acontecendo em nosso mundo interior. É preciso inverter isso! É do mundo interior que nascem as atitudes que poderão transformar nossa vida num céu ou num inferno.

Entretanto, se o homem vive inconsciente do que se passa dentro de si mesmo, sua realidade exterior facilmente se transformará num caos. Ensina Osho que o sofrimento é um estado de inconsciência. Sofremos porque não estamos cons-

---

105 *Consciência, A Chave para Viver em Equilíbrio*, Osho, Cultrix.

cientes do que fazemos, do que pensamos e do que sentimos.[106] Por essa razão é que Santo Agostinho nos diz que o conhecimento de si mesmo é a chave do melhoramento individual.

Quem conhece a si mesmo está no caminho mais próximo da felicidade, por duas razões: 1) está consciente de suas virtudes e, por isso, utiliza todo o potencial de que sabe ser portador e 2) está consciente das suas imperfeições e, assim, pode combater o mal que ainda existe em seu mundo interior, evitando agir em prejuízo de si mesmo. O homem mais poderoso do mundo, sem dúvida alguma, é o homem que mais se conhece. O mais fraco e impotente, ainda que fisicamente forte, é o que ignora a si próprio.

O conselho de Santo Agostinho é que todas as noites, antes de dormir, façamos um exame de consciência. Da mesma forma que realizamos exames que nos mostram as condições internas do corpo físico, a fim de detectarmos alguma anomalia para posterior correção, vamos passar uma sonda em nossa consciência, analisando se fizemos algum mal a Deus, a nós mesmos e ao nosso próximo.

---

106 *Consciência, A Chave para Viver em Equilíbrio*, Osho, Cultrix.

No fundo, no fundo, o que estamos sugerindo é que olhemos para o dedão do pé e vejamos se ele está se mexendo. O simples olhar já será um bom começo para que ele pare de se mexer...

36
Deus está conosco

LEMBRE-SE DA MINHA ORDEM: "SEJA FORTE E
CORAJOSO. NÃO FIQUE DESANIMADO, NEM TENHA
MEDO, PORQUE EU, O SENHOR, SEU DEUS, ESTAREI COM
VOCÊ EM QUALQUER LUGAR PARA ONDE VOCÊ FOR!"

JOSUÉ[107]

Por intermédio do profeta Josué, sucessor de Moisés, Deus enviou aos seus filhos essa vigorosa mensagem de conforto e ânimo. Como regra geral, a palavra de Deus expressa na Bíblia é atemporal, isto é, não é destinada a um momento definido. Aplica-se a todas as situações do passado, presente e futuro. O recado que Deus mandou pela inspiração do profeta (médium) Josué chega

---

[107] Josué 1, 9.

hoje até nós com a mesma força e intenção com as quais foi transmitido ao povo judaico.

Imagine que você abriu a sua caixa de e-mails ou recebeu em sua casa uma carta com essa mensagem de Deus para você: "Seja forte e corajoso. Não fique desanimado, nem tenha medo, porque eu, o Senhor, seu Deus, estarei com você em qualquer lugar para onde você for!" Deus sabia que você estava abatido e sentindo-se sozinho em meio a tantas lutas e dificuldades! Por isso, Ele resolveu lhe escrever. E a primeira coisa que Deus deseja que saiba é que você não está só, você não é um filho sem pai, você não foi abandonado por Ele. Isso não lhe parece muito bom? Saber que Deus estará com você, aonde quer que você vá?

Quando você estiver no leito do hospital, Deus estará com você, inspirando médicos e enfermeiros.

Quando você estiver se sentindo a pior pessoa do mundo, Deus estará segurando a sua mão com toda a ternura.

Quando você estiver na pior enrascada, Deus estará em sua companhia, soprando em sua mente os caminhos da solução.

No entanto, para que o socorro de Deus se estabeleça, precisamos remover as pedras que impedem a possibilidade de ajuda. Por isso, Deus exorta para que sejamos fortes, corajosos e animados!

A fraqueza, o medo e o desânimo são adversários das soluções que Deus tem para nós. Talvez você esteja se perguntando como se pode ser forte, corajoso e animado, quando tudo está desmoronando em nossa vida. Eu entendo o que você sente. Quero que pense, porém, que a fonte da fortaleza, da coragem e do ânimo está exatamente na percepção da presença de Deus em nossa vida. Imaginemos fortemente que, em tudo o que fizermos e por onde formos, Deus estará ao nosso lado, atento e amoroso.

Por essa razão é que Yogananda ensina:

> "Entregue os problemas a Deus. Quando você se preocupa, prepara o próprio enterro. Não importa a dificuldade que esteja enfrentando – pobreza, tristeza, doença, lembre-se de que há outras pessoas na Terra sofrendo cem vezes mais do que você. Não se considere tão infeliz, pois, assim, derrota a si mesmo e bloqueia a onipotente luz divina, que está sempre procurando ajudá-lo."[108]

Sozinhos, provavelmente, não iremos muito longe. Mas, com Deus, temos pernas e braços mais fortes. Com Deus, nosso ânimo se agiganta, porque sabemos que, se não pararmos de lutar, o amanhã será muito melhor do que hoje. Com Deus,

---
108 *O Romance com Deus*, Self-Realization Fellowship.

nossa coragem se aviva, porque sabemos que Ele nos criou para a vitória sobre as adversidades.

Lembremo-nos da ordem que Deus nos deu: sejamos fortes, corajosos e animados. E, se Deus nos pede essas atitudes, é porque temos condições de adotá-las. Deus jamais nos pediria o impossível. A fortaleza, a coragem e o ânimo são como músculos espirituais com os quais Deus nos criou, mas são músculos que precisam ser exercitados para se tornarem bem desenvolvidos. Nas provas da vida é que temos a oportunidade de nos tornarmos pessoas mais fortes e valorosas, desde que nos lembremos da presença de Deus ao nosso lado.

Registro aqui uma prece de Yogananda que devemos pronunciar a Deus em todos os momentos difíceis de nossa vida:

Na vida e na morte; na saúde e na doença, não me preocupo, ó Senhor, pois sou Teu filho para todo o sempre.[109]

---

109 *O Romance com Deus*, Self-Realization Fellowship.

37

Na tempestade

> CORAGEM!
> SOU EU, NÃO TENHAM MEDO.
> JESUS[110]

❖ ❖ ❖

Jesus pronunciou esta frase no momento em que seus discípulos enfrentavam uma grande tempestade no lago da Galileia. Os ventos sopravam fortemente e ondas violentas castigavam o barco. Jesus não estava com eles, mas chegou bem no momento em que a embarcação corria o risco de virar e jogar seus amigos nas águas do lago revolto. Era possível imaginar que poucos sobreviveriam.

---

110 Mateus 14, 27.

Mas Jesus surgiu no momento mais crítico. Na hora de o barco virar. Era madrugada, e o Mestre apareceu caminhando sobre as ondas. Os discípulos, porém, não o reconheceram de pronto. Nós também não reconhecemos a presença amiga de Jesus nos momentos mais graves de nossa vida. Julgamos que estamos sozinhos nas tempestades, e que o barco da nossa vida pode virar a qualquer hora. Mas é no auge da crise que Jesus aparece, assim como apareceu aos discípulos temerosos, na iminência do naufrágio. E a eles ministrou a lição da coragem!

O barco da nossa vida não vai virar se tivermos coragem para enfrentar os desafios do caminho. Problemas, desafios, obstáculos sempre surgirão na estrada da nossa vida. Jesus não impediu que a tempestade apanhasse os discípulos em plena travessia do lago da Galileia. Não fez isso, porque queria transmitir aos discípulos a lição da coragem, da autoconfiança e da fé. O Mestre sabia que seus discípulos eram medrosos e inseguros e, por isso, deixou que eles enfrentassem uma situação de perigo para que, através dela, aprendessem a exercitar a coragem.

Assim também ocorre conosco. Deus nos permite passar por dificuldades, para que possamos desenvolver os dons que Ele colocou em cada um de nós no instante da nossa criação. Cada problema é um exercício de aprimoramento de nosso espírito, a fim de que nos tornemos mais fortes e mais conscientes dos nossos próprios potenciais.

Ao surgir à visão dos discípulos caminhando sobre as águas, Jesus quis nos ensinar que o homem é o senhor dos problemas, e não servo deles. Nunca devemos colocar o foco no problema, mas, sim, colocá-lo em nossa capacidade de resolvê-lo. "Eu não sou o problema, eu sou a solução do problema", nunca nos esqueçamos disso!

Quem cultiva o medo o faz por acreditar que o pior vai acontecer. Jesus nos ensina, porém, a combater o medo pela fé de que o melhor vai acontecer. E a fé nos dá a coragem necessária para lutar contra os maiores temporais da nossa vida, pois guardamos a certeza de que a vitória é o prêmio dos corajosos, e não dos temerosos. Gosto muito deste conselho de Joel Osteen: "Tome uma decisão a cada dia: a de escolher a fé em vez do medo."[111]

É bom saber, porém, sobre o que escreveu Mark Twain: "Coragem é a resistência ao medo, domínio do medo, e não a ausência do medo."[112] Isso quer dizer que uma pessoa corajosa não é, necessariamente, uma pessoa sem medo, mas uma

---

111 *A Hora é Agora*, Larousse.
112 Fonte: http://pensador.uol.com.br/coragem/ - acesso em 30 /05/2013.

pessoa que domina o medo que sente. O corajoso age, apesar do medo que sente. Se formos esperar passar o medo para agirmos, provavelmente, vamos morrer esperando esse imaginário dia chegar, e, até lá, as ondas já terão afundado o nosso barco.

Aliás, para falar a verdade, eu tenho medo das pessoas que dizem não sentir nenhum medo, porque o medo é um sentimento tipicamente humano, inerente à nossa fragilidade e vulnerabilidade.

Quando estiver chovendo muito forte na sua vida, quando os problemas desabarem sobre você, não ponha o foco no volume de água que está caindo. Encha-se de fé e coragem e continue remando com sua mente, firme na crença de que a tempestade vai passar e, depois dela, o arco-íris da felicidade brilhará em seu caminho.

E, quando sentir seus braços se enfraquecerem, quando o medo se insinuar em sua mente, lembre-se de que Jesus está presente, dizendo a você:

"Ei, meu amigo, coragem, eu estou aqui para entrar no barco da sua vida e remar junto com você!"

38
O melhor para o casamento

> DEPOIS DE MUITO MEDITAR SOBRE O ASSUNTO, CONCLUÍ QUE OS CASAMENTOS SÃO DE DOIS TIPOS: HÁ OS CASAMENTOS DO TIPO TÊNIS E HÁ OS CASAMENTOS DO TIPO FRESCOBOL. OS CASAMENTOS DO TIPO TÊNIS SÃO UMA FONTE DE RAIVA E RESSENTIMENTOS, E TERMINAM SEMPRE MAL. OS CASAMENTOS DO TIPO FRESCOBOL SÃO UMA FONTE DE ALEGRIA E TÊM BOA CHANCE DE TER VIDA LONGA.
>
> RUBEM ALVES[113]

A comparação que Rubem Alves faz do casamento com os jogos de Tênis e Frescobol é muito apropriada. Vale a pena meditar sobre o assunto quando a nossa relação estiver precisando de socorro e solução. Como dissemos em capítulos anteriores, o socorro vem do Alto e Deus

---

113 *O Retorno e Terno*, Papirus.

nunca nos deixará sem o amparo necessário, sobretudo quando o problema em pauta for a união da família.

Rubem Alves afirma que há dois tipos de casamento: os casamentos do tipo "Tênis" e os casamentos do tipo "Frescobol". Vejamos em qual deles o nosso relacionamento se encaixa. Muitas vezes, a solução para a crise conjugal é mudar de jogo.

No Tênis, o objetivo de cada jogador é derrotar o outro, jogando a bola de tal forma na quadra, que o outro não tenha como devolvê-la. Os jogadores são considerados adversários, e cada um deve jogar a bola no ponto fraco do outro. Sempre haverá um vencedor e um vencido. Diante disso, é possível imaginar como seria um casamento do tipo "Tênis". Alerta Rubem Alves que esses casamentos sempre terminam mal, porque são uma fonte de raiva e ressentimentos. E a razão parece óbvia. Marido e mulher tornam-se adversários um do outro.

A vida conjugal se transformou numa quadra em que o objetivo é lançar para o outro a bola mais difícil, para que ele não consiga rebater. A regra é dificultar a vida do outro, é não deixar que ele ganhe, é não querer vê-lo feliz. Para que um ganhe, o outro tem que perder. E, de preferência, rápido. Nada de ficar trocando a bola gostosamente, de um lado para o outro, num jogo sem fim. Tenta-se fazer um bom saque, para que o adversário nem veja a bola passar. O casamento vira um jogo de culpas que faz tanto mal (lembrei-me do Gonzaguinha), cada um quer ganhar no grito, no argumento mais forte, na palavra mais pesada, na ideia de sempre querer ter razão, no "prazer" de ver o outro perder. Eu diria que o casamento do tipo "Tênis" é uma relação suicida!

Já no Frescobol, embora se pareça muito com o Tênis (dois jogadores, duas raquetes e uma bola), o objetivo de cada jogador não é derrotar o outro, pois o que se deseja é aquele "vai e vem" da bola, que ela jamais caia ao chão, que o outro sempre consiga devolvê-la. No Frescobol, não há adversários e, sim, parceiros. Ninguém precisa ser derrotado. Cada um procurará devolver ao outro a bola mais perfeita, para que ele consiga rebatê-la e o jogo não tenha fim...

O casamento do tipo "Frescobol" é uma fonte de alegria e o que tem mais chance de vida longa, escreveu Rubem. Nessa espécie de relação, o objetivo não é aniquilar o parceiro, não é competir com ele, nem destruir seus sonhos. É fazê-lo feliz! É alimentar os sonhos que ele tem, e não cortá-los com o golpe da inveja ao vê-los realizados. É parar de olhar apenas para a própria felicidade, e abrir-se para a felicidade do outro, misturando-se a ela. Abrir espaço para que as bolhas de sabão do outro voem livres, escreveu Rubem Alves, com toda a beleza poética de suas palavras. Eu imagino que, lá no Céu, os cupidos andam jogando Frescobol...

Não faz muito tempo, li uma crônica belíssima de Martha Medeiros sobre o casamento na igreja.[114] Dentre outros assuntos, ela afirma que tentaria mudar o discurso dos noivos a respeito das promessas que um faz ao outro durante a cerimônia: "prometo ser fiel, na alegria e na tristeza, na saúde e na doença..." Martha diz que é um discurso bonito, porém dramático, pois "os noivos saem da igreja com uma argola de ouro nos dedos e uma bola de chumbo nos pés." Ela, então, propõe um discurso mais alegre e romântico, que eu endosso em todas as linhas, e aqui transcrevo como solução para muitos dos problemas do casamento.

Eis o que a mulher deveria prometer:

Prometo nunca sair da cama sem antes dar bom dia, deixar você ver os jogos de futebol na tevê sem reclamar, ter paciência para ouvir você falar dos problemas do escritório, ter arroz e feijão todo dia no cardápio, acompanhar você nas cami-

---
114 *Trem Bala*, L&PM Editores.

nhadas matinais de sábado, deixá-lo em silêncio quando estiver de mau humor, dançar só pra você, fazer massagens quando você estiver cansado, rir das suas piadas, apoiá-lo nas suas decisões e tirar o batom antes de ser beijada.

E o homem diria:

Prometo deixar você sentar na janelinha do avião, emprestar aquele blusão que você adora, não reclamar quando você ficar quarenta minutos no telefone com uma amiga, provar a comida tailandesa que você preparou, abrir um champanhe no final de tarde de domingo, assistir junto o capítulo final da novela, ouvir seus argumentos, respeitar sua sensibilidade, não ter vergonha de chorar na sua frente, dividir vitórias e derrotas e passar todos os Natais do seu lado.

Vocês não acham que esse casamento seria um eterno jogo de Frescobol?

39
Socorro aos que partiram

> MEU PAI, QUERIDA MÃEZINHA. NÃO CHOREM MAIS, NÃO MORRI COMO PENSAM. O QUE SINTO É A NÉVOA DAS LÁGRIMAS COM QUE ME ACOMPANHAM. NÃO CHOREM MAIS, IMPLORO. MELHORO EM ESPÍRITO, QUANTO AO ÂNIMO DE QUE PRECISO PARA SEGUIR ADIANTE, MAS OUÇO AS VOZES DE MEUS PAIS QUERIDOS CHAMANDO-ME EM PRANTO...
>
> WADY[115]

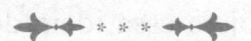

❖❖ * * * ❖❖

Pela mediunidade de Chico Xavier, quem escreve esta mensagem comovente é o Espírito Wady Abrahão Filho, jovem que, aos 17 anos de idade, faleceu na cidade de São Paulo, vítima de um infarto do miocárdio. É possível imaginar a dor que se abateu sobre a família de Wady. Des-

---

[115] *Jovens no Além*, Francisco Cândido Xavier e Caio Ramacciotti. , Editora GEEM.

consolado, o pai de Wady, Sr. Abrahão, praticamente abandonou as atividades empresariais na sua indústria de tecidos e, dizendo que Wady tinha medo de dormir sozinho, chegou, por diversas vezes, a pousar junto ao túmulo do filho.

Movida pelo desespero, a família procurou o médium Francisco Cândido Xavier, na cidade mineira de Uberaba. E, quase cinco meses após a sua desencarnação, o jovem Wady enviou a primeira mensagem aos pais, tendo eu destacado parte dessa mensagem na introdução deste capítulo.

O primeiro alerta que Wady faz aos pais é o de que ele não está morto! É assim que a maioria de nós também se comporta diante da morte. Julgamos que é o fim de tudo. A própria lei civil diz que a vida cessa com a morte. Hermínio Miranda, porém, objeta essa ideia de maneira muito apropriada, ao expressar que a morte faz cessar um determinado tipo de vida, mas não a vida, que continua com outras características.[116] "Morrer", como afirmou Victor Hugo, não é morrer, mas, simplesmente, mudar-se.

A morte nos tira apenas o aspecto físico da vida, mas não acaba com a vida propriamente dita, porque a nossa essência é espiritual, portanto, imortal

---

116 Sobrevivência e Comunicabilidade dos Espíritos, FEB.

e indestrutível. Viver é para sempre! Tem absoluta razão Herculano Pires, ao sustentar que: "Seria estranho e até mesmo irônico que, num Universo em que nada se perde, tudo se transforma, o homem fosse a única exceção perecível, sujeito a desaparecer com os seus despojos."[117]

Da mesma forma, nossos entes queridos que partiram para o outro lado da vida compareçam, em espírito, à nossa presença, para expressar que estão vivos e que se entristecem com nossas lágrimas por serem considerados mortos, desaparecidos para sempre. O que eles mais desejam é nos convencer de que não morreram, apenas se transferiram de domicílio, regressando ao mundo de onde todos viemos e para onde todos voltaremos.

Chico Xavier afirmou:

"Não raro, são os próprios filhos desencarnados que atraem os seus pais aos centros espíritas: desejam dizer que não morreram, que continuam vivos na outra dimensão, que os amam e que haverão de amá-los sempre..." [118]

Deve mesmo ser uma dor muito grande para o espírito sentir que seus amigos e familiares o consideram morto, finado, quando ele está na dimensão espiritual mais vivo do que nunca. Nossos afetos

---
117 *Educação para a Morte*, Edições Correio Fraterno.
118 *As Mães de Chico Xavier*, organização de Saulo Gomes, InterVidas.

queridos que partiram deste mundo querem nos dizer que continuam vivos na dimensão espiritual, a despeito do acidente trágico, da doença incurável, da bala perdida, do suicídio inconsequente, do homicídio deliberado e do vício mortal.

É nesse contexto que Wady vem implorar aos pais que não chorem mais. Ele afirma que sente a névoa de lágrimas com a qual os pais o acompanham. Isso o entristece e lhe prejudica a vida na nova dimensão, sobretudo porque aquele choro não era de mera saudade; era choro de inconformismo e desespero.

O espírito, após a sua passagem para a Vida Maior, precisa de ânimo para prosseguir adiante. É natural que ele também esteja sentindo a dor da separação e a angústia de não ter como voltar. Ele carece de força moral para seguir em frente na nova dimensão, e, muitas vezes, tenta buscar essa força junto aos familiares. Wady fala do seu esforço em procurar ânimo para tocar a vida adiante, mas diz que ouve o chamado dos pais queridos em pranto desanimador.

Por tal razão, nossos entes queridos imploram que paremos de chorar. Isso atrapalha a vida deles e a nossa também. Para ajudarmos nossos entes queridos, sigamos este sábio conselho de Emmanuel: "Pensa neles com a saudade convertida em oração. As tuas preces de amor representam acordes de esperança e devotamento, despertando-os para visões mais altas da vida."[119]

Troquemos, assim, o pranto do desespero pelas preces de amor! Quem partiu merece e precisa do socorro do nosso coração para seguir tranquilo na viagem de regresso à pátria espiritual.

Para que isso aconteça mais facilmente, é importante que possamos refletir sobre a seguinte história, que fala de um rabi, pregador religioso judeu, que vivia muito feliz com sua virtuosa esposa e dois filhos admiráveis, rapazes inteligentes e ativos, amorosos e disciplinados. Por força de suas atividades, certa vez o rabi ausentou-se por vários dias, em longa viagem. Nesse ínterim, um grave acidente provocou a morte dos dois moços.

Podemos imaginar a dor daquela mãe! Não obstante, era uma mulher forte. Apoiada na fé e na inabalável confiança em Deus, suportou valorosamente o impacto. Sua preocupação maior era o marido. Como transmitir a terrível notícia?! Temia que uma comoção forte tivesse funestas consequências, porquanto ele era portador de perigosa insuficiência cardíaca. Orou muito, implorando a

---
[119] *Retornaram Contando*, Francisco Cândido Xavier e Hércio Marcos C. Arantes

Deus uma inspiração. O Senhor não a deixou sem resposta...

Passados alguns dias, o rabi retornou ao lar. Chegou à tarde, cansado, após longa viagem, mas muito feliz. Abraçou carinhosamente a esposa e foi logo perguntando pelos filhos...

– Não se preocupe, meu querido. Eles virão depois. Vá banhar-se, enquanto preparo o lanche.

Pouco depois, sentados à mesa, permutavam comentários sobre o cotidiano, naquele doce enlevo de cônjuges amorosos, após breve separação...

– E os meninos? Estão demorando!

– Deixe os filhos... Quero que você me ajude a resolver um grave problema.

– O que aconteceu? Notei que você está abatida! Fale! Resolveremos juntos, com a ajuda de Deus!

– Quando você viajou, um amigo nosso procurou-me e confiou à minha guarda duas joias de incalculável valor. São extraordinariamente preciosas! Nunca vi nada igual! O problema é esse: ele vem buscá-las e não estou com disposição para efetuar a devolução.

– Que é isso, mulher! Estou estranhando seu comportamento! Você nunca cultivou vaidades!

– É que jamais vi joias assim. São divinas, maravilhosas!

— Mas não lhe pertencem...
— Não consigo aceitar a perspectiva de perdê-las!
— Ninguém perde o que não possui. Retê-las equivaleria a roubo!
— Ajude-me!
— Claro que o farei. Iremos juntos devolvê-las, hoje mesmo!
— Pois bem, meu querido, seja feita sua vontade. O tesouro será devolvido. Na verdade, isso já foi feito... As joias eram nossos filhos. Deus, que no-los concedeu, por empréstimo, à nossa guarda, veio buscá-los!

O rabi compreendeu a mensagem e, embora experimentando a angústia que aquela separação lhe impunha, superou reações mais fortes, passíveis de prejudicarem-no.

Marido e mulher abraçaram-se emocionados, misturando lágrimas que se derramavam por suas faces mansamente, sem burburinhos de revolta ou desespero, e pronunciaram, em uníssono, as santas palavras de Jó: Deus deu, Deus tirou; bendito seja o Seu nome.

40
Ame a sua cruz

A cruz do Cristo traz grandes lições para todos nós, meus filhos. A cruz está plantada na terra para que o homem aprenda a aceitar a sua realidade, aceitar a terra onde Deus o plantou, crescendo a partir do que tem e do que é, e não do que gostaria de ter e de ser. A trave fincada na terra toma, na sua outra extremidade, a direção do Alto, indicando que o plantio se faz com os pés na terra, mas com a cabeça no céu, cabeça na fé e na esperança. E a trave horizontal simboliza nossos braços abertos para a humanidade. Abertos para acolher e com o peito aberto para amar. Que cada um ame a sua cruz e a carregue com classe, coragem e alegria, pois é a cruz da nossa libertação.

PAI JOAQUIM[120]

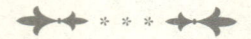

---

[120] Mensagem recebida por José Carlos De Lucca, na Sexta-Feira da Paixão de Cristo do ano de 2013.

Essa é a história de um homem que tinha de fazer uma viagem transportando uma grande cruz que se arrastava pelo chão. No meio do caminho, ele já se sentia desanimado, pois estava muito difícil transportá-la. Foi então que teve uma ideia: arranjou um serrote, cortou a cruz pela metade e seguiu seu caminho feliz, pois, a partir daí, carregá-la tinha se tornado uma tarefa muito fácil.

Andando mais alguns quilômetros, deparou-se com um abismo que atravessava seu caminho e, para conseguir chegar ao seu destino, teria de ultrapassá-lo. Como não havia ponte, a única maneira de chegar ao outro lado era usando sua cruz para a travessia. Ao tentar, porém, constatou que ela agora era muito curta e não alcançava o outro lado. Então, o homem sentou-se e chorou amargamente por ter cortado a cruz, pois, anteriormente, tinha a medida exata para a travessia. E, assim, ele ficou à beira do caminho.[121]

É por essa razão que Pai Joaquim nos fala ao coração para cada um de nós amar a sua cruz, pois ela é que nos servirá de ponte à felicidade. Ele pede para que cada um ame a sua realidade, que é a sua cruz diária na família, no trabalho, na doença, na dificuldade financeira, enfim, em todos

---

[121] *Para que a minha vida se transforme*, Maria Salette e Wilma Ruggeri, Verus.

os obstáculos que nos cercam. "Amar a sua cruz" não é amar o sofrimento, mas é aceitar, de bom grado, o desafio de agora, sabendo que ele nos servirá de ponte para novos caminhos.

Vivemos reclamando do que temos e do que somos, não aceitamos a realidade em que estamos inseridos e não vemos os desafios de crescimento que a sabedoria divina embutiu em cada dificuldade que vivenciamos. Nossos problemas são coerentes com as nossas necessidades de evolução. O tamanho da nossa cruz reflete o quanto precisamos nos adiantar em termos de crescimento pessoal. Atraímos os problemas com a finalidade de aprendermos mais sobre nós mesmos.

Meditemos sobre essa mensagem tão esclarecedora de Hammed:

"Nasceste no lar de que precisavas.

Vestiste o corpo físico que merecias.

Moras no melhor lugar que Deus poderia te

proporcionar, de acordo com o teu adiantamento.

Possuis os recursos financeiros coerentes com as

tuas necessidades; nem mais nem menos, mas o

justo para as tuas lutas terrenas.

Teu ambiente de trabalho é o que elegeste

espontaneamente para a tua realização.

> Teus parentes e amigos são as almas que atraíste
> com tuas próprias afinidades.
> Portanto, teu destino está constantemente
> sob teu controle." [122]

Essa é a visão espiritual que nos tira da condição de "vítimas do destino" e nos faz ver que as dificuldades de agora são uma ressonância do nosso estágio evolutivo. Se tivermos uma cruz na relação familiar, por certo, o parente difícil reflete um determinado padrão semelhante ao da nossa própria consciência. Ele nos mostra o que precisamos mudar em nós mesmos. Os problemas à nossa volta apontam o que está "problemático" dentro de nós. Por isso, a cruz do problema não tem a finalidade de castigo – ela é apenas uma aula prática, que nos mostra o que deve ser transformado dentro de nós.

Se, por exemplo, temos de conviver com um familiar que nos trata costumeiramente com frieza e indiferença, é quase certo que, em algum nível, o padrão de comportamento dele é parecido com o nosso, e apenas mudando a nós mesmos é que iremos mudar o panorama exterior que nos cerca. À medida que formos mudando a nossa postura ín-

---

[122] *Um modo de entender*, psicografia de Francisco do Espírito Santo Neto, Boa Nova Editora.

tima, demonstrando, perseverantemente, mais calor humano e mais interesse pela vida das pessoas, um grande milagre surgirá em nossa vida! É que as ondas da nossa energia renovada influenciarão positivamente o ambiente à nossa volta, bem como as pessoas que nos cercam, modificando a situação que nos aflige.

A melhor maneira de mudar algo fora de nós é mudar o que precisa ser mudado dentro de nós. Por isso, nada de serrote! É preciso carregar a cruz com classe, disse Pai Joaquim, aceitando a vida como ela é e fazendo dela o melhor ao nosso alcance. Afinal de contas, como tão bem expressou Gonzaguinha:[123]

Somos nós que fazemos a vida
Como der, ou puder, ou quiser...

---

123 Trecho da Canção "O que é, o que é?"

41
Nossas atitudes fazem eco

AUXILIA AOS OUTROS, TANTO QUANTO PUDERES. CADA
PESSOA QUE HOJE TE ENCONTRA TALVEZ SEJA AMANHÃ
A CHAVE DE QUE NECESSITAS PARA A SOLUÇÃO DE
NUMEROSOS PROBLEMAS.

EMMANUEL[124]

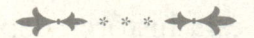

❖ ❖ ❖

Esta é a história de um empregado de um frigorífico na Noruega. Certo dia, ao término do trabalho, ele foi inspecionar a câmara frigorífica. Inexplicavelmente, a porta se fechou e ele ficou preso dentro da câmara. Bateu na porta com força, gritou por socorro, mas ninguém o ouviu. Todos já haviam saído para suas casas e era impossível que alguém pudesse escutá-lo. Já estava

---
[124] *Recados do Além*, psicografia de Francisco Cândido Xavier, IDEAL.

havia quase cinco horas preso, debilitado com a temperatura insuportável. De repente, a porta se abriu e o vigia entrou na câmara e resgatou o funcionário com vida.

Depois de salvar a vida do homem, perguntaram ao vigia por que ele foi abrir a porta da câmara, se isto não fazia parte da sua rotina de trabalho. Ele explicou: – *Trabalho nesta empresa há 35 anos, centenas de empregados entram e saem daqui todos os dias e ele é o único que me cumprimenta ao chegar, pela manhã, e se despede de mim, ao sair. Hoje pela manhã disse "bom dia" quando chegou. Entretanto, não se despediu de mim na hora da saída. Imaginei que poderia ter lhe acontecido algo. Por isso, o procurei...*

Quando lemos esta história, depois de nos admirarmos com o "final feliz", procuremos nos colocar nela para saber se seríamos resgatados pelo vigia, se acaso fôssemos o empregado do frigorífico. O vigia nos procuraria, ou será que morreríamos congelados?

Nós que, por certo, estamos precisando de algum tipo de socorro espiritual, devemos nos perguntar quantas pessoas seriam capazes de nos socorrer pelo bem que fizemos a elas. Muitas vezes eu me pergunto quantas pessoas estão orando por mim, quantas estão me enviando um pensamento bom, quantas estariam dispostas a me ajudar na hora da minha dor. Gostaria que você se fizesse as mesmas indagações, porque, raramente, nos lembramos de que Deus ajuda as criaturas através das próprias criaturas. Se não tivermos semeado o bem no coração dos outros, como querer que o bem que não foi plantado possa nascer em nosso caminho?

Pior do que não ter alguém orando por nós é ter alguém nos odiando pelo mal que fizemos. Já pensamos nas energias negativas que essas pessoas podem estar nos enviando e que chegam a nos prejudicar seriamente? A verdade de que precisamos nos convencer é que nossas ações, sejam elas boas ou más, geram reações equivalentes, que sempre retornam a nós mesmos. É como o eco que faz repetir a nossa voz. Todas as nossas ações fazem eco no universo.

Desde pequeno, eu ouvia nos centros espíritas que frequentava o comentário de que, para se obter uma graça, era preciso ter merecimento. Essa ideia de "merecimento" me intrigava. Mas dissipei minhas dúvidas quando li este versículo do Apóstolo Paulo: "Pois o Filho do Homem virá na glória do seu Pai com os seus anjos e então recompensará cada um de acordo com o que fez."[125] E o que estamos fazendo de bom? Que mérito temos adquirido perante as leis divinas? O mérito que cada um de nós alcança é fruto do esforço de nosso próprio

---

125 Gálatas 6, 7.

aprimoramento e do bem que plantamos no coração daqueles que cruzam o nosso caminho.

Por isso, vale a pena pensarmos nestas perguntas de Irmão José,[126] uma espécie de questionário que nos possibilita avaliar os próprios méritos:

1. *O que tens feito para transformar em obras a tua fé?*
2. *Para melhorar o teu relacionamento com as pessoas?*
3. *Para facilitar a solução dos teus problemas?*
4. *Para diminuir a distância que se fez entre ti e os teus familiares?*
5. *Para te esmerares na profissão, tornando-te mais produtivo e menos suscetível de queixas?*
6. *Para não te revelares tão frágil diante das dificuldades?*
7. *Para deixar de ser vítima da própria imprevidência e insensatez?*
8. *Para conquistar maior simpatia dos que convivem contigo?*
9. *Para não te melindrares com tanta frequência?*

Se não formos tão bem nessa avaliação espiritual (o que é de se esperar), saibamos que está em nossas mãos a possibilidade de aumentar os nossos méritos, lançando no Universo a força das nossas atitudes. É só deixar o orgulho de lado – e mãos à obra!

---
126 *Vigiai e Orai*, psicografia de Carlos A. Baccelli, Editora Didier.

42
Dissolvendo a tristeza

ÀS VEZES, A VIDA, O SOFRIMENTO, AS INJUSTIÇAS SÃO
MAIORES DO QUE NÓS. MAS, SE ACREDITARMOS NUMA
LUZ QUE MORA LÁ NO FUNDO, DENTRO DA GENTE,
VOLTAMOS A SONHAR.

HERBERT DE SOUZA (BETINHO)[127]

◆•❋•◆

O velho Mestre pediu a um jovem triste que colocasse a mão cheia de sal em um copo d'água e bebesse.

– *Qual é o gosto?* – perguntou o Mestre.

– *Ruim.* – disse o jovem, sem pensar duas vezes.

O Mestre sorriu e pediu ao jovem que pegasse outra mão cheia de sal e levasse junto com ele ao lago. Os dois caminharam em silêncio e, quando

---
[127] *Medicina Espiritual, farmácia de pensamentos*, Sonia Aguiar, Record.

chegaram, o mestre mandou que o jovem jogasse o sal no lago. O jovem fez como o mestre mandou. Logo após, o velho disse:

– *Beba um pouco dessa água.*

O jovem assim procedeu e, enquanto a água escorria pelo queixo, o Mestre perguntou:

– *Qual é o gosto?*

– *Bom!* – o jovem respondeu, sem pestanejar.

– *Você sente o gosto do sal?* – indagou o Mestre.

– *Não!* – disse o jovem.

O Mestre, então, sentou-se ao lado do jovem, pegou em suas mãos e disse:

– *A dor na vida de uma pessoa não muda. Mas o sabor da dor depende de onde a colocamos. Quando você sentir dor, a única coisa que você deve fazer é aumentar o sentido de tudo o que está a sua volta. É dar mais valor ao que você tem em detrimento do que perdeu. Em outras palavras: É deixar de ser copo, para tornar-se um lago.*

Aprendemos com essa história a maneira de tratar as tristezas da vida. Aspirar a uma vida sem momentos tristes é uma utopia, diria eu que seria, até, um problema. Rubem Alves explica:

> "A vida é assim. Se é manhã brilhante o tempo todo, alguma coisa está errada. Tristeza é preciso. A tristeza torna as pessoas mais ternas. Se é crepúsculo

> o tempo todo, alguma coisa não está bem.
> Alegria é preciso. Alegria é a chama que
> dá vontade de viver." [128]

A tristeza é um sintoma de que alguma coisa boa foi embora da gente. Problema seria se não ficássemos tristes nesses momentos. A tristeza nos ensina a valorizar coisas que tínhamos e a que nem sempre demos o valor merecido. A tristeza pode também ser uma saudade das coisas boas que passaram por nós. A tristeza somente se torna um problema quando é duradoura, quando é uma noite que não tem fim. Aí, sim, precisa ser tratada – se for o caso, até, com uso de remédios e terapia.

Com a história que narramos, aprendemos que tristeza não se tira do peito de uma hora para outra; ela se dissolve aos poucos. Precisamos colocar a tristeza no lago de todas as coisas boas que já nos ocorreram. Dei este conselho a uma mulher que estava triste pela morte do marido, com quem convivera por cinquenta anos. Melancólica, fazia seis meses que se recusava a sair de casa. Perguntei-lhe se ele fora um bom marido, e ela respondeu que tinha sido um homem maravilhoso. Então, falei a ela para que colocasse a sua tristeza no meio

---
[128] *Se eu pudesse viver minha vida novamente*, Saraiva.

dos cinquenta anos em que ela foi feliz com ele, que dissolvesse a sua tristeza no meio de todos os dias venturosos que passou ao lado de um homem tão especial. Ela fechou os olhos e, em poucos segundos, pude ver surgir em seu rosto algumas lágrimas acompanhadas de um leve sorriso. Abaixou a cabeça e me disse:

– *De fato, creio que não posso continuar vivendo assim. Eu seria muito ingrata com a vida, se me tornasse uma pessoa triste, diante de toda a felicidade de que desfrutei ao lado do meu marido. Eu fui muito amada e sei que, de algum lugar que Deus reservou aos homens bons, meu companheiro continua me amando e me vendo, e eu não posso entristecê-lo com a minha tristeza. Acho que já chorei o bastante. Doravante, embora eternamente saudosa, quero me lembrar, um a um, de todos os momentos lindos que passamos juntos, pois desejo que ele continue me amando e me esperando para o dia do nosso reencontro.*

Ela tinha um brilho especial nos olhos. Pude perceber que a tristeza estava de partida, enquanto os meus olhos se encheram de lágrimas comovidas. Para ajudá-lo a fazer com que a sua tristeza também esteja de partida, gostaria que meditasse sobre a letra dessa maravilhosa canção intitulada "Viagem",[129] imortalizada na voz de Maysa:

> *Oh, tristeza, me desculpe*
> *Estou de malas prontas*
> *Hoje a poesia veio ao meu encontro*
> *Já raiou o dia, vamos viajar*
> *Vamos indo de carona*
> *Na garupa leve do vento macio*
> *Que vem caminhando*
> *Desde muito longe, lá do fim do mar*
> *Vamos visitar a estrela da manhã raiada*
> *Que pensei perdida pela madrugada*
> *Mas que vai escondida*
> *Querendo brincar*
> *Senta nesta nuvem clara*
> *Minha poesia, anda, se prepara*
> *Traz uma cantiga*
> *Vamos espalhando música no ar.*

Espero que você também esteja de malas prontas. Já raiou um novo dia! Viaje com a poesia ao encontro de dias venturosos...

---

129 Composição de João de Aquino e Paulo César Pinheiro.

43
Derrubando limites

> Acredito, do fundo do meu coração, que a minha vida não tem limites. Quero que sinta a mesma coisa em relação à sua vida, quaisquer que sejam seus problemas. Reserve alguns minutos para pensar nas limitações que você mesmo impôs à sua vida, ou que permitiu que outras pessoas impusessem. Agora, pense em como seria se você se visse livre dessas limitações. Como seria a sua vida, se tudo fosse possível?
>
> Nick Vujicic[130]

Preste bastante atenção à mensagem de Nick Vujicic. São palavras de um homem que venceu as mais duras provas da vida. Nick nasceu sem os braços e sem as pernas, vítima de rara enfermidade. Sua infância foi marcada por imensas

---

[130] *Uma Vida Sem Limites*, Editora Novo Conceito.

dificuldades e provações, como é possível imaginar. Mas ele não deixou que sua condição física limitada impusesse limites em sua vida. Por meio da fé, da esperança, da coragem e do amor, ele vem superando todas as barreiras e levando uma vida de que muitas pessoas sem restrições físicas ainda não conseguiram desfrutar.

Na internet, você encontrará alguns vídeos sobre ele, e poderá constatar, com os próprios olhos, como Nick, hoje com 30 anos de idade, transformou a lamentação em superação. Com todas as limitações físicas, Nick sofreu a tentação de levar sua vida acomodado na sensação de impotência. É assim que nós, muitas vezes, também reagimos diante dos problemas; gastamos muito tempo e energia com queixas e lamentações improdutivas, quando deveríamos empregar nossas forças para derrubar as cercas de problemas que nos amarram.

Nos vídeos, você verá Nick jogando bola, nadando, correndo, se divertindo, estudando e viajando o mundo todo como palestrante motivacional. Qual o segredo de Nick? Ele mesmo esclarece:

"Encontrei a felicidade quando entendi que, por mais imperfeito que eu seja, sou o perfeito Nick Vujicic. Sou uma obra de Deus, criada de acordo com o plano que Ele designou para mim. Isso não é o mesmo que dizer que não há espaço para aperfeiçoamento. Sempre tento melhorar, para que, assim, possa servir melhor a Ele e ao mundo!"[131]

Vale a pena pensar em dois pontos trazidos por Nick.

O primeiro deles é a afirmação de que cada um de nós é uma obra de Deus. Portanto, como somos obra da divina perfeição, a nossa natureza é perfeita, condição de que a maioria de nós ainda não se deu conta. Os problemas da nossa vida poderiam ser comparados às pás e picaretas que Deus utiliza para derrubar a parede das construções negativas que fazemos a nosso próprio respeito. Carregamos ideias distorcidas sobre nós mesmos, não conseguimos ver a nossa beleza e inteligência, e as limitações que encontramos na vida funcionam como "abridores de latas", para que enxerguemos a obra maravilhosa que somos.

Um exemplo bem claro disso pode ser visto na história de vida do maestro João Carlos Martins, considerado pela crítica mundial um dos maiores pianistas de todos os tempos e um dos principais intérpretes de Johan Sebastian Bach. Já sendo um músico consagrado, Martins sofreu uma fratura

---

[131] *Uma Vida Sem Limites*, Editora Novo Conceito.

jogando futebol, uma fratura que, curiosamente, atingiu-lhe não os pés ou pernas, mas os dedos da mão direita, comprometendo-lhe integralmente os movimentos. Após um longo tratamento, voltou a brilhar nos palcos, porém, foi acometido de uma lesão na mão direita decorrente de esforço repetitivo, que o fez abandonar a carreira.

Insatisfeito por viver longe da música, Martins retomou surpreendentemente a vida artística, como pianista de uma única mão, obtendo excelentes resultados apenas utilizando a mão esquerda. Mas a vida ainda iria espremer um pouco mais do seu talento. Em um assalto na Bulgária, onde foi realizar um concerto, Martins foi agredido e teve a mão esquerda pisoteada pelos ladrões. Nunca mais conseguiu recuperar a contento o movimento da mão e, com isso, a sua carreira de pianista havia chegado ao fim.

A carreira podia estar encerrada. Mas não a vida do homem e do músico. Ele contou, em diversas entrevistas, que, após ter sido obrigado a se despedir definitivamente dos palcos, teve um sonho com o maestro Eleazar de Carvalho, na época já falecido. No sonho, o maestro Eleazar dizia que ensinaria regência a Martins. A partir desse sonho, Martins viu um novo caminho a seguir. Seria agora maestro. Aos 63 anos de idade, ingressou na faculdade para aprender regência e se tornou maestro, sem poder segurar a batuta e sem poder virar as páginas da partitura. Mas nada disso o impede de reger com sua alma vibrante e talentosa. A vida extraiu de Martins o melhor que ele tinha a oferecer ao mundo!

O segundo ponto é reconhecer que Deus tem um plano para cada um de nós. Deus tinha um plano para Nick e para Martins. Ele queria mostrar ao mundo que as verdadeiras limitações são aquelas que impomos a nós mesmos. Quando Nick diz às pessoas que se considera perfeito, Ele está convidando cada um de nós a olhar para a própria perfeição, a olhar para a sua grandeza e beleza interiores, e, a partir disso, sermos capazes de derrubar as limitações que nos separam da felicidade.

Quando somos capazes de reconhecer a nossa perfeição interior e, a partir dessa nova tomada de posição, vencer as barreiras físicas que nos cercam, vamos mostrando às pessoas que elas também podem ir muito mais além do que imaginam e que são mais belas e capazes do que acreditam. É nesse ponto que desejo chegar com você. É possível que, por fora de nós, tudo esteja nos aprisionando, tudo esteja conspirando contra os nossos anseios mais caros. Nessa hora, volte o olhar para dentro de você e repita comigo, com Nick, com Martins, e com todos os heróis do mundo:

> Tudo lá fora pode estar querendo me segurar, mas eu sou o perfeito (diga o seu nome), criado à imagem e semelhança de Deus, nascido para derrubar todos os limites!

Referências bíblicas citadas neste livro

Bíblia Sagrada, Nova Tradução na Linguagem de Hoje, Paulinas.

A Bíblia Sagrada, tradução de João Ferreira de Almeida, Sociedade Bíblica do Brasil.

Bíblia de Jerusalém, Paulus.

Bíblia Sagrada, tradução da Conferência Nacional dos Bispos do Brasil, Editora Canção Nova.

Bíblia Sagrada, Nova Versão Internacional, Editora Vida.

A Bíblia na Linguagem de Hoje, O Novo Testamento, Sociedade Bíblica do Brasil.

GRAACC

COMBATENDO E VENCENDO O CÂNCER INFANTIL

GRAACC: referência no combate ao câncer infantil

O hospital do GRAACC atende mais de 2.700 crianças por ano e faz mais de 23 mil consultas, 1,4 mil cirurgias, 49 transplantes de medula e 17 mil sessões de quimioterapia

Referência no tratamento e pesquisa do câncer infantojuvenil na América Latina, uma das mais respeitadas e bem-sucedidas ONGs do País, o GRAACC é uma organização sem fins lucrativos que nasceu com a missão de garantir a crianças e adolescentes com câncer, o direito de alcançar todas as chances de cura com qualidade de vida. A organização é reconhecida pelos expressivos resultados obtidos dentro dos mais avançados padrões científicos, alcançando índices de cura de cerca de 70%, semelhantes aos de instituições européias e norte-americanas.

O GRAACC foi criado em 1991, atendendo em uma casa dentro do conceito hospital-dia, no qual os pacientes recebiam assistência e voltavam para as suas casas. Em 1998, a instituição fundou seu hospital, o Instituto de Oncologia Pediátrica - IOP/GRAACC/Unifesp, unidade administrada pelo GRAACC em parceria técnico-científica com a Unifesp - Universidade Federal de São Paulo. Localizado na Rua Botucatu, 743, com 11 andares em uma área de 4.200 m2, trata-se de um Centro de Referência no tratamento dos casos mais complexos de câncer infantojuvenil, atendendo crianças e adolescentes de todo o Brasil - cerca de 40% deles vêm de fora de São Paulo.

Com o hospital, o GRAACC garante assistência de alto nível. Dos equipamentos à equipe médica, o paciente que passa pelo hospital do GRAACC tem à disposição a mais alta tecnologia e uma excelente infraestrutura. O hospital realiza, em média, mais de 23 mil consultas, 1,4 mil cirurgias, 49 transplantes de medula e 17 mil sessões de quimioterapia. Com um orçamento de R$ 72 milhões anuais, atende, aproximadamente, 360 novos casos por ano. Mais de cinco mil crianças e adolescentes já foram assistidos pela instituição - especializada em casos de alta complexidade, como tumores do sistema nervoso central, tumores ósseos, leucemias e outras neoplasias que necessitam de transplante.

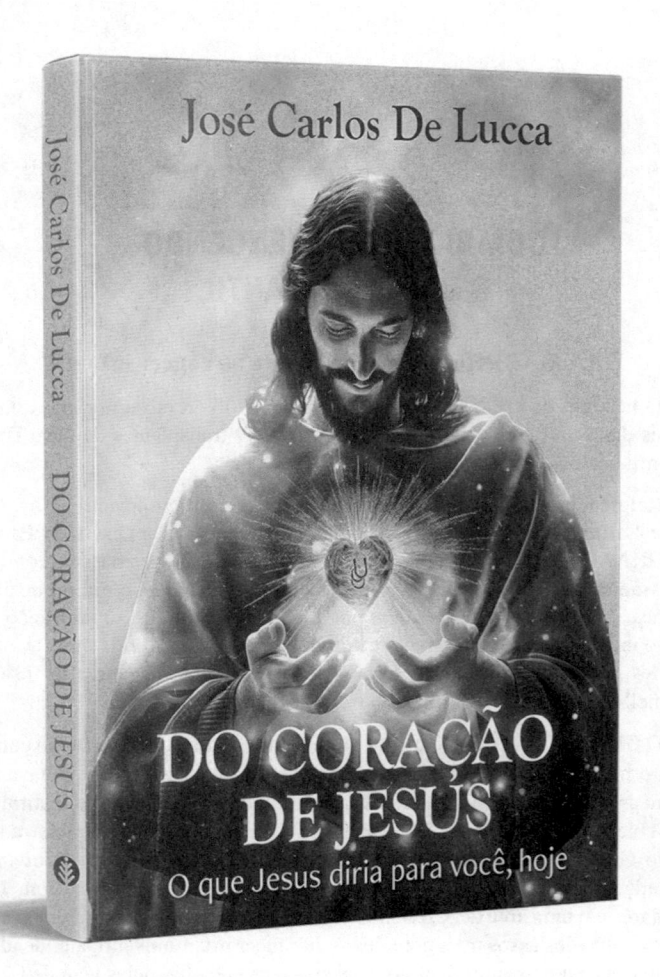

Do Coração de Jesus
José Carlos De Lucca

Cada página desta obra é uma conversa no sofá da sala, no corredor do hospital, na entrevista de emprego, na estação do adeus, quando alguém parte do nosso convívio físico; nas calçadas da vida, onde perambulamos, muitas vezes desesperançados.

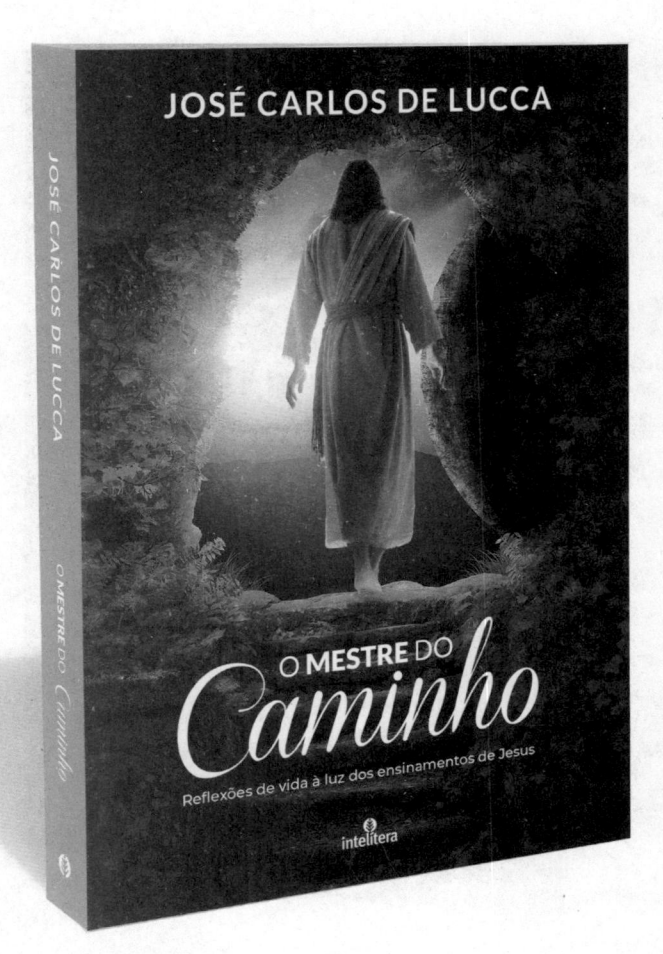

O Mestre do Caminho
José Carlos De Lucca

Um homem extraordinário esteve entre nós, viveu numa aldeia muito simples. Nasceu em berço de palha, não pertenceu à elite religiosa ou política de sua época. Não escreveu livros, nem fundou qualquer religião. Viveu, porém, a mais linda história de amor à Humanidade.

Aqui e Agora
José Carlos De Lucca

A importância de cultivarmos a nossa Espiritualidade, pois é ela que confere sentido e propósito à nossa vida, é o que explica de onde viemos, qual a nossa missão neste mundo e para onde vamos depois de deixar o plano terreno.

Pensamentos que ajudam
José Carlos De Lucca

Este livro nos ajuda a lidar com as nossas fragilidades e os nossos conflitos de forma mais produtiva e a fazer do planeta o reflexo do mundo de paz, harmonia, amor e compreensão que passaremos a construir dentro de nós!

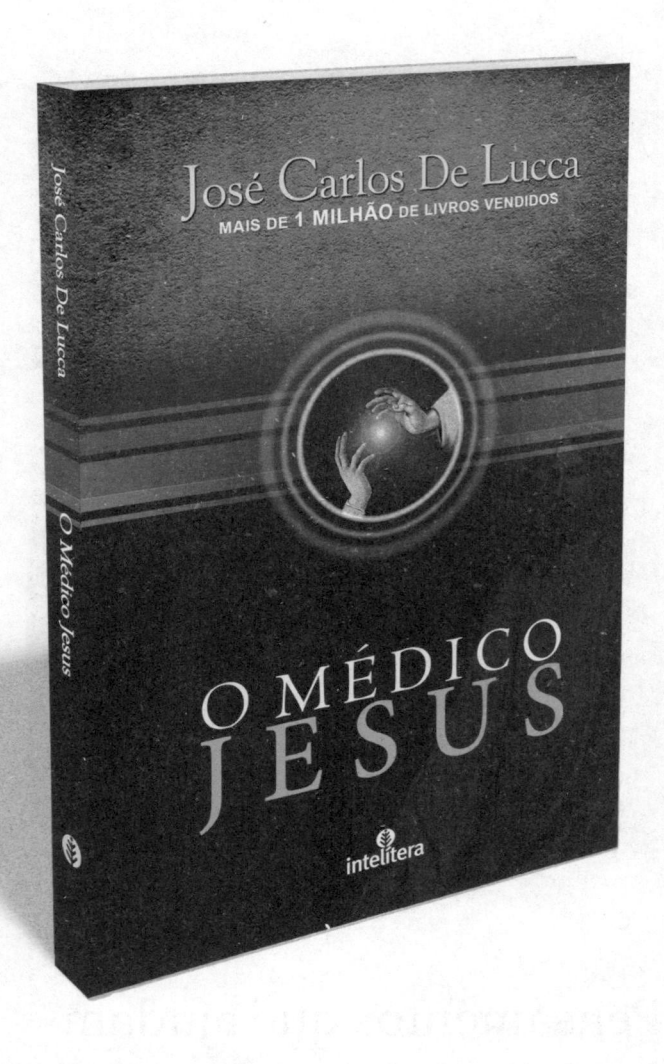

O Médico Jesus
José Carlos De Lucca

Ao ter este livro o leitor se sentirá como alguém que está prestes a se consultar com o médico mais habilidoso de todos os tempos.

Simplesmente Francisco
José Carlos De Lucca

Este apresenta Francisco de Assis, de carne e osso, gente como a gente, gentil, alegre, mas também naturalmente frágil, que enfrentou dúvidas e conflitos, levando o leitor a compreender que a santidade de Francisco foi construída na rocha de sua humanidade.

Para receber informações sobre nossos lançamentos, títulos e autores, bem como enviar seus comentários, utilize nossas mídias:

🌐 intelitera.com.br
✉ atendimento@intelitera.com.br
▶ youtube.com/inteliteraeditora
📷 instagram.com/intelitera
f facebook.com/intelitera

Redes sociais do autor:

🌐 jcdelucca.com.br
▶ youtube.com/José Carlos De Lucca
📷 instagram.com/josecdelucca
f facebook.com/orador.delucca
🎧 Podcast José Carlos De Lucca

Esta edição foi impressa pela Lis Gráfica e Editora no formato 140 x 210mm. Os papéis utilizados foram Polén Bold 70g/m² para o miolo e o papel Cartão 250 g/m² Supremo para a capa. O texto principal foi composto com a fonte Sabon LT Std 13/18 e os títulos com a fonte Sabon LT Std 18/24.